· ESPRIT ·

Comprendre le monde qui vient

212, rue Saint-Martin, 75003 Paris
www.esprit.presse.fr

Rédaction : 01 48 04 92 90 - redaction@esprit.presse.fr
Ventes et abonnements : 01 76 44 04 11 - abonnement@esprit.presse.fr

Fondée en 1932 par Emmanuel Mounier

À plusieurs voix

L'Amérique contre elle-même

Varia

Cultures

EUROPE : RÉSISTER AUX FAUX-SEMBLANTS DE L'EXTRÊME DROITE

La décision prise par Emmanuel Macron d'imposer au pays des législatives à marche forcée n'a pas seulement abîmé les conditions de la délibération démocratique sur les enjeux nationaux. Un autre effet pervers de l'annonce de la dissolution de l'Assemblée nationale aura été d'évacuer du débat public français, et ce, avant même que les résultats soient tous connus, toute amorce de réflexion et de délibération sur les conséquences des élections européennes. Ce n'est pas le moindre des paradoxes pour un président qui se voulait le héraut d'une *« Europe plus unie, plus souveraine, plus démocratique »* que d'avoir ainsi court-circuité l'un de ces rares moments où les sphères politiques nationales des vingt-sept États qui composent l'Union s'intéressent à ce qui se passe chez leurs voisins et aux équilibres politiques de leurs institutions communes.

Il y avait pourtant matière à s'inquiéter des résultats du scrutin, en particulier dans les pays signataires du traité de Rome de 1950. En France, en Italie, en Allemagne, aux Pays-Bas ou en Belgique, les forces d'extrême droite s'imposent à la première ou à la deuxième position. C'est du cœur des États fondateurs du projet européen que viennent désormais les attaques les plus virulentes contre les « valeurs » de l'Union européenne telles que définies à l'article 2 du traité, et notamment le respect de l'État de droit, le pluralisme, la non-discrimination et les droits des minorités. Peut-être dira-t-on que le raz de marée annoncé n'a pas eu lieu dans le reste de l'Europe et que l'extrême droite, divisée en deux groupes et mal disciplinée, ne sera pas en mesure de constituer une minorité de blocage au Parlement européen.

Mais ce serait oublier que l'extrême droite gagne aussi quand les partis démocratiques s'alignent sur ses idées ou s'engagent dans des politiques d'alliance avec elle. Le premier mouvement – qui voit moins l'extrême droite se « banaliser » que les partis de centre-droit (voire de gauche, comme le rappelle l'exemple du Danemark) se radicaliser – était déjà largement entamé, dès avant le scrutin, sur la question des migrations. En témoignent l'adoption du Pacte sur la migration et l'asile le 14 mai 2024, suivie de l'appel lancé le lendemain par quinze États membres de l'Union européenne à « externaliser » les politiques d'asile, c'est-à-dire à les déléguer à des pays – Tunisie, Turquie, Libye ou Albanie, par exemple – où le respect des droits fondamentaux est rien moins qu'assuré.

L'extrême droite gagne aussi quand les partis démocratiques s'alignent sur ses idées.

Sur la question des alliances, une petite musique venue du sommet des institutions européennes voudrait que les partis affiliés au Parlement européen au groupe des Conservateurs et réformistes européens (« European Conservatives and Reformists », ECR, qui comprend notamment l'espagnol Vox et l'italien Fratelli d'Italia) seraient compatibles avec les valeurs portées par le projet européen, là où ceux qui sont réunis dans le groupe Identité et démocratie (ID, où siègent le Rassemblement national et la Lega italienne) ne le seraient pas. C'est ce qu'indiquait au printemps la présidente de la Commission Ursula von der Leyen quand elle se disait ouverte à des coopérations entre son parti, le Parti populaire européen, et l'ECR au Parlement européen et qu'elle affichait sa bonne entente avec la présidente du Conseil italien, Giorgia Meloni, qu'elle qualifiait de *« pro-européenne »* et qui serait *« en faveur de l'État de droit »*.

Un simple coup d'œil sur la composition de l'ECR permet pourtant de douter que les partis qu'il chapeaute soient tous moins radicaux (même si certains, tels que la Nouvelle Alliance flamande, le sont) que ceux réunis dans le groupe Identité et démocratie. Rappelons ainsi que siègent, au sein de l'ECR, les élus du parti polonais Droit et justice (PiS) – parti qui a systématiquement démantelé les contre-pouvoirs en Pologne du temps où il gouvernait – ou les députés de Reconquête, le parti d'Éric Zemmour. S'il est une différence notable entre l'ECR et ID, elle ne tient pas à un plus grand attachement à l'État de droit et au pluralisme démocratique, mais à une opposition à la Russie et à une orientation plus libérale en économie plus affirmées du côté de l'ECR.

Quant à considérer la patronne de Fratelli d'Italia comme une démocrate conservatrice bon teint, c'est oublier qu'elle a mené campagne sous un symbole, la flamme, dont nul Italien ne peut ignorer qu'il était celui de l'Alliance nationale, l'héritière directe du Mouvement social italien, le parti fasciste créé aux lendemains de la Seconde Guerre mondiale par des nostalgiques de Mussolini. Si elle a réussi à rassurer ses partenaires européens en se ralliant à l'opposition à Poutine, Giorgia Meloni mène bel et bien en Italie une politique d'extrême droite, qui passe par le renforcement des pouvoirs du président du Conseil, la lutte contre les droits à l'interruption volontaire de grossesse et ceux des familles homoparentales, la criminalisation des associations d'aide aux migrants et la volonté d'externaliser les demandes d'asile vers l'Albanie. En pleine campagne des européennes, elle s'est affichée au meeting organisé par le parti espagnol Vox qui réunissait, outre Marine Le Pen et Viktor Orbán, le nouveau président argentin Javier Milei, un nostalgique de la dictature de Pinochet, sans oublier des fidèles de Donald Trump.

On entend souvent dire que la stratégie de « diabolisation » des mouvements d'extrême droite aurait échoué et qu'il serait vain de se draper dans une posture morale en criant au fascisme. Il est pourtant permis de penser qu'on n'a pas cessé de faire l'inverse. À force de jouer avec les mots, en multipliant des concepts flous ou contradictoires tels que ceux de populisme ou de démocratie illibérale, on a euphémisé la réalité des menaces que font peser ces mouvements sur la démocratie et l'État de droit. L'exemple des États-Unis, auquel est consacré ce numéro, rappelle que Donald Trump n'aurait jamais pu se représenter à une nouvelle élection présidentielle sans l'abdication progressive du Parti républicain, dont seuls dix élus à la Chambre des représentants ont voté en faveur de la procédure de destitution ouverte à la suite de l'assaut donné au Capitole. Dans l'Union européenne également, l'avenir de la démocratie et du projet européen dépendra de la volonté ou non des partis dits « traditionnels » de résister aux faux-semblants de mouvements issus de la droite radicale.

Esprit

À
PLUSIEURS
VOIX

Y A-T-IL ENCORE DES CAMPAGNES ÉLECTO-RALES ?

Rémi Lefebvre

Les campagnes électorales constituent un temps essentiel de la vie politique et de la dramaturgie électorale. Du point de vue de la théorie démocratique, elles ont pour fonction d'offrir une délibération collective et raisonnée autour de programmes et de positions politiques, permettant aux citoyens d'exercer leur rôle d'électeurs en connaissance de cause. L'idée de campagne électorale renvoie à une séquence « encapsulée », qui s'ouvre lorsqu'une élection est imminente et s'achève peu après sa tenue. Or, comme l'a démontré une nouvelle fois la dernière campagne des élections européennes, cet exercice et cette mobilisation collective « prennent » de moins en moins et se déclenchent de plus en plus tardivement, ce qui participe de l'affaiblissement du rituel électoral. Ce qui était censé être un temps de délibération collective devient un débat mené dans l'entre-soi des plus politisés. Le soir des élections européennes, le président de la République a dissous l'Assemblée nationale, ouvrant à peine trois semaines de campagne électorale pour un scrutin législatif pourtant décisif.

Fragmentation de l'offre politique

Une série de phénomènes se conjuguent et renforcent leurs effets. Du côté des électeurs, la disponibilité et l'intérêt des citoyens s'activent moins que par le passé. La science politique distingue trois types d'électeurs au regard de leur intérêt politique : les plus intéressés et actifs (10 %), une majorité d'électeurs passifs et peu intéressés (autour de 50 %), des électeurs à l'intérêt politique intermittent (40 %). Les campagnes électorales, de plus en plus atones, ne contribuent guère à la mobilisation des électeurs éloignés de la politique, pour des raisons structurelles bien connues. La défiance à l'égard des élites et du jeu électoral s'accentue. L'offre politique est par ailleurs de plus en plus complexe. Cela est d'abord dû à la fragmentation partisane, une tendance longue de la Cinquième République : depuis les années 1970, celle-ci est allée en s'accentuant, à gauche comme à droite – et même à l'extrême droite, qui compte aujourd'hui trois partis : le Rassemblent national, Reconquête ! et Debout la France. Le macronisme a également brouillé les repères. Il est devenu beaucoup plus coûteux pour les électeurs de s'intéresser aux campagnes qu'avant : trente-huit listes se sont portées candidates aux dernières élections européennes. Or le vote a longtemps été structuré par l'identification partisane. Aujourd'hui, cette proximité partisane a disparu, et l'électorat est devenu beaucoup plus volatil. Les « automatismes » ont par là même disparu : tandis que l'intérêt pour la politique baisse tendanciellement, à chaque échéance électorale, les électeurs doivent redoubler d'attention, analyser le positionnement des partis sur le spectre gauche/droite, comprendre les systèmes d'alliance souvent complexes et différents d'une élection à l'autre. Le coût d'entrée cognitif dans les campagnes au niveau des citoyens s'avère d'autant plus élevé que les règles du jeu institutionnelles sont complexes (mille-feuille territorial, fonctionnement de l'Europe peu lisible…).

Du côté des producteurs d'offre, la capacité de mobilisation des partis est de plus en plus faible et les stratégies d'instrumentalisation et de détournement des enjeux de l'élection contribuent au brouillage du sens du scrutin. Les partis n'ont plus les ressources militantes et organisationnelles pour enrôler les électeurs. Ils ont même du mal à produire des assesseurs pour les dépouillements tant la main-d'œuvre militante est rare. Il n'y a jamais eu aussi peu de militants dans les partis. Les travaux de Céline Braconnier, spécialiste de l'abstention en France, montrent que les milieux populaires,

en particulier, sont très sensibles aux dispositifs d'activation de l'intérêt pour la politique *via* les médiations interpersonnelles[1]. Cela signifie que, dans ces milieux, voter est très souvent le résultat d'incitations familiales ou venues du cercle proche, de militants ou de figures publiques. La disparition de ce travail de mobilisation mené par les militants, notamment à gauche, est l'une des causes de l'éloignement des citoyens d'avec l'élection. Il n'y a plus de médiation entre leur vie, leurs préoccupations personnelles et la campagne électorale. Pour intéresser les électeurs, les candidats détournent alors ou instrumentalisent les enjeux du scrutin. On nationalise ainsi les élections locales ou européennes. Les enjeux spécifiques de chacune des élections sont rarement clarifiés, ce qui alimente une certaine confusion et, à terme, une forme de désintérêt chez les électeurs. Mais prenons garde à ne pas idéaliser le passé : la nationalisation des élections intermédiaires est une tendance ancienne. Les élections régionales ou européennes n'ont jamais été très ancrées dans leurs enjeux spécifiques. Ce phénomène s'est toutefois fortement accentué : on n'a, par exemple, jamais vu un président de la République s'impliquer autant lors d'élections européennes.

1 - Voir Céline Braconnier et Nonna Mayer (sous la dir. de), *Les Inaudibles. Sociologie politique des précaires*, Paris, Presses de Science Po, 2015.

Un traitement médiatique simpliste

Enfin, du côté des médias, le traitement de la campagne est de plus en plus faible, simpliste, centré sur les sondages et la course de chevaux (« Quel score va faire Bardella ? Y aura-t-il un croisement de courbes entre la liste du PS et celle de Renaissance ? »). Le temps consacré aux campagnes électorales sur les chaînes de télévision généralistes recule à chaque élection depuis le début des années 2000. Et le peu de débats télévisuels qui sont encore organisés sont – hormis le débat de second tour de la présidentielle – de moins en moins suivis, alors qu'ils faisaient partie intégrante du rituel électoral. Et encore… Près de 15,6 millions de téléspectateurs ont regardé le débat Marine Le Pen-Emmanuel Macron en 2022, soit la pire audience de ce type d'émission depuis sa création en 1974. La fondation Jean Jaurès a montré que la médiatisation de la campagne européenne de 2024 est en repli important par rapport aux précédents scrutins. Elle est de 30 % inférieure en unités de bruit médiatique et de 23 % inférieure en volume de sujets radio diffusés et d'articles publiés par rapport à la couverture de 2019[2]. La sous-médiatisation est aussi renforcée par le fait que les campagnes

sont médiatiquement de plus en plus « parasitées » par des événements extérieurs, comme si le temps de campagne n'était plus sanctuarisé. Cela est lié aux logiques structurelles des médias – un thème chasse l'autre – mais aussi, là encore, à des stratégies d'instrumentalisation. Lors de la dernière campagne européenne par exemple, LFI a joué la carte de la guerre menée par Israël à Gaza – un thème dont les liens avec l'Europe ne sont pas évidents – tandis que Jordan Bardella a fait de ces élections un référendum anti-Macron.

Le mécanisme de décantation n'a plus lieu.

Dès lors, le mécanisme de décantation par lequel des thèmes saillants se détachent lors d'une campagne n'a plus lieu. Il n'y a plus de hiérarchisation des enjeux. La campagne présidentielle de 2002 était axée sur l'insécurité ; en 2007, c'était la valeur travail qui était au cœur des débats avec le slogan « travailler plus pour gagner plus ». En 2017, le thème de campagne d'Emmanuel Macron était la nouveauté. Désormais, il ne semble plus y avoir de thèmes pour polariser les débats – ce qui ne favorise pas l'intérêt pour la politique puisque les gens ne disposent pas d'une question à laquelle se raccrocher.

2 - Théo Verdier, « Une campagne française. Étude de la couverture médiatique des élections européennes », Fondation Jean Jaurès, 23 mai 2024.

Cette atonie des campagnes a des conséquences politiques fâcheuses. Les campagnes sont censées être des moments de mobilisation massive – c'est-à-dire des moments de socialisation politique durant lesquels de nombreux citoyens font l'apprentissage de la politique en s'y exposant fortement. Structurellement, leur affaiblissement va contribuer à l'éloignement des citoyens de l'élection. Or celle-ci est le mécanisme central de la démocratie représentative. Nous sommes dans un système politique dans lequel la légitimité des gouvernants s'acquiert principalement par l'élection, et par la campagne qui la précède. En 1974, Valéry Giscard d'Estaing a été élu avec moins de 51 % des voix. Pour autant, le nouveau président n'avait pas vu sa légitimité contestée, car lors de ce temps de délibération collective, certaines questions avaient été tranchées. Le non-investissement des politiques, des médias et des citoyens dans la campagne et dans l'élection aboutit à l'avènement de représentants dont la légitimité est infiniment plus fragile et par là même contestable.

Rémi Lefebvre
Politiste, son dernier ouvrage, coécrit avec Didier Demazière, *Des élus déclassés ?*, est paru aux Presses universitaires de France en 2024.

LES PROFESSEURS SONT-ILS DES ÉLÈVES COMME LES AUTRES ?

Pierre Poligone

L'Éducation nationale n'a jamais été si représentée à l'écran. Une avalanche de films sur l'école semble s'abattre sur les salles obscures. Certains entendent dénoncer les difficultés du métier comme *Pas de vagues*, d'autres s'inscrivent dans la tradition du film potache comme *Bis Repetita*. Thomas Lilti avait également voulu effectuer une radioscopie du métier d'enseignant dans *Un métier sérieux*, et on ne compte plus les films étrangers qui traitent du même sujet (*L'Innocence*, *La Salle de classe*, *L'Affaire Abel Trem*). Ces films montrent souvent comment les enseignants sont confrontés à des situations conflictuelles et évoquent surtout la manière dont les enjeux de société envahissent la salle de classe : les questions de l'identité, de l'intégration, de la classe sociale, de la religion et de la violence se taillent la part du lion dans ce genre de production. Ils traitent rarement de questions pédagogiques – et encore moins de la discipline enseignée par les professeurs. L'école devient simplement le réceptacle d'une forme de violence sociale. À l'heure où le ministère de l'Éducation nationale engage une transition entre « l'école de la confiance » souhaitée par Jean-Michel Blanquer et le « choc des savoirs » voulu par Gabriel Attal, on peut s'interroger sur l'angle mort de l'Éducation nationale : la formation des enseignants et le rapport qu'ils entretiennent à leur discipline.

Certes, il est de bon goût de rappeler que l'élève est devenu le centre du dispositif pédagogique, mais ne pourrait-on pas imaginer un système qui confère davantage de légitimité à l'enseignant ? En ce sens, la réforme de la formation des enseignants engagée par le gouvernement est assez préoccupante. Pour reprendre la formule d'Emmanuel Macron, la volonté de créer des « *écoles normales du XXIᵉ siècle* » est audacieuse, pour ne pas dire grandiloquente, mais le contenu de cette réforme tend simplement à niveler par le bas le savoir disciplinaire des enseignants. En effet, il est prévu que les concours pour recruter les professeurs des premier et second degrés se dérouleront à bac + 3 à partir de 2025. Or, depuis 2022, ces concours étaient placés en fin de master, à bac + 5. Au-delà d'une forme de retour en arrière, la finalité même de cette réforme interroge.

Un enseignant tire sa légitimité – et la plus grande partie de son autorité – de son savoir disciplinaire. C'est parce qu'un enseignant de français maîtrise les propositions subordonnées qu'il est capable d'expliquer clairement à ses élèves la différence entre une proposition relative et une complétive. De même – et peut-être davantage –, c'est parce qu'il possède une vision précise et personnelle de l'histoire littéraire qu'il est à même de choisir des œuvres qui seraient susceptibles de plaire et de faire progresser ses élèves. L'Éducation nationale doit comprendre qu'un bon professeur est celui qui est capable de maîtriser sa discipline au point d'en proposer une approche incarnée et sensible. Comment peut-on envisager qu'un étudiant doté d'une licence soit capable d'atteindre un niveau disciplinaire suffisant pour enseigner au lycée ?

———

Un professeur est avant tout professeur de quelque chose.

———

Un professeur n'est jamais simplement professeur. Il est avant tout professeur de quelque chose. Bien sûr, les enseignants ont besoin d'être formés directement au contact des élèves. Mais on est en droit de s'interroger sur la place accordée aujourd'hui aux savoirs disciplinaires et, en particulier, sur l'existence d'un système à multiples vitesses au sein de l'Éducation nationale. Car il existe au minimum trois statuts d'enseignants dans le second degré. Premièrement, celui des enseignants contractuels qui n'ont pas passé les concours et qui sont recrutés au pied levé après un entretien au rectorat pour pallier le manque d'enseignants. Ces enseignants possèdent une licence ou un master – mais parfois dans une discipline différente de celle qu'ils enseignent. Ils sont rémunérés en fonction du plus haut diplôme obtenu. Les enseignants certifiés ensuite, qui constituent le plus grand contingent de professeurs dans le secondaire. Ils ont souvent un master et ont obtenu le certificat d'aptitude au professorat de l'enseignement du second degré – plus communément appelé Capes. Il existe de grandes disparités entre les disciplines puisqu'il y a beaucoup moins de postes à pourvoir en philosophie qu'en mathématiques, par exemple. Enfin, les enseignants agrégés, qui constituent une minorité de professeurs. Ils ont obtenu l'agrégation dans leur discipline, l'un des concours les plus exigeants de la fonction publique, qui témoigne d'une forme de maîtrise disciplinaire, ce qui leur permet d'avoir un meilleur salaire et d'avoir un nombre d'heures d'enseignement plus réduit. Néanmoins, une partie non

négligeable des agrégés se détourne de l'enseignement et préfère se tourner vers des carrières considérées comme plus prestigieuses, et quitte parfois le secteur public pour le privé.

Les parents ne savent pas quel est le statut des professeurs de leurs enfants, même si dans les beaux quartiers certains ne se privent pas de s'en enquérir. Néanmoins, on peut les comprendre tant la différence est grande entre un contractuel, qui se retrouve par hasard devant une classe pour boucler une fin de mois difficile, et un agrégé qui enseigne avec passion depuis dix ans. Pourtant, la fiche de poste est exactement la même. L'Éducation nationale est peut-être l'institution où coexiste la plus grande disparité de statuts pour les mêmes postes.

Ainsi, au lieu de niveler par le bas la formation disciplinaire des enseignants, pourquoi ne pas envisager un unique concours, plus sélectif que le Capes et moins exigeant que l'agrégation ? Évidemment, ce concours unique s'accompagnerait d'une réforme du statut et d'une revalorisation salariale. On imagine déjà la levée de boucliers de tous ceux pour qui l'agrégation est un totem, c'est-à-dire un tabou. Il faudrait ici rappeler que l'agrégation a perdu sa vocation. La plupart des étudiants pensent qu'elle est un sésame qui permettrait d'enseigner à l'université – ce qui est de fait faux puisque la thèse reste aujourd'hui le grade nécessaire pour l'enseignement supérieur. L'agrégation a été initialement conçue pour recruter les enseignants du lycée et a perdu une partie de son sens au moment du collège unique et de la massification scolaire.

Le paradoxe est tout de même intéressant. D'un côté, on abaisse la formation de certains enseignants, et de l'autre, on préserve un concours devenu obsolète. L'avantage d'un concours unique est qu'il permettrait de revaloriser la fonction même des enseignants tout en leur permettant de développer un rapport intime à leur discipline – condition essentielle pour l'enseigner. Si le cinéma a toujours été efficace pour s'interroger sur les problématiques sociales qui agitent l'école, la littérature est peut-être plus efficace pour pointer du doigt les travers inhérents à la formation des enseignants évoqués dans cette chronique. On ne peut que recommander chaudement la lecture de *La Poursuite de l'idéal* de Patrice Jean, mais aussi du *Miracle de Théophile* de Jérémie Delsart, publié au Cherche-Midi ce mois d'avril.

Pierre Poligone
Professeur certifié de lettres modernes dans un lycée de Seine-Saint-Denis, il codirige le média culturel *Zone Critique*.

LE RÉGIME DE SUR- VEILLANCE OLYMPIQUE

Adrien Tallent

Les Jeux olympiques et paralympiques qui se déroulent à Paris durant l'été 2024 nous feront-ils entrer dans une société de surveillance ? C'est un risque mis en avant par certains acteurs et associations. La vidéo-surveillance algorithmique (VSA) a en effet été autorisée pour la première fois en France à titre expérimental dans le cadre de la loi relative aux Jeux olympiques et paralympiques de 2024, « *dans un cadre légal clair et préservateur des libertés fondamentales et individuelles*[1] ». Cette loi autorise l'utilisation de la VSA jusqu'au 30 juin 2025, date à partir de laquelle elle devrait être rediscutée.

Répondre à un enjeu sécuritaire ?

L'expérimentation de la VSA est justifiée par l'exécutif par les enjeux sécuritaires, notamment lors de la cérémonie d'ouverture où 600 000 personnes sont attendues. Un décret du 28 août 2023 a précisé

1 - « Lancement de l'expérimentation "vidéo-intelligentes" en vue de la sécurisation des Jeux olympiques », site du ministère de l'Intérieur.

ce que ces logiciels devront détecter : présence d'objets abandonnés, utilisation d'armes, mouvements de foule, départs de feu, chutes, non-respect du sens de circulation, intrusion dans des zones interdites ou sensibles, densité excessive de personnes. Le but est d'éviter les mouvements de foule mortels, mais aussi et surtout d'anticiper les risques d'attentats terroristes. Des solutions algorithmiques analyseront ainsi les images issues des caméras ou de drones pour détecter et signaler en temps réel des comportements anormaux ou suspects. Si le gouvernement se défend de toute surveillance « biométrique » puisque le texte n'autorise pas explicitement la reconnaissance faciale en temps réel – par ailleurs interdite par la réglementation européenne –, les travaux de l'association La Quadrature du Net affirment pourtant que « *cette technologie identifie, analyse, classe en permanence les corps, les attributs physiques, les gestes, les silhouettes, les démarches, qui sont incontestablement des données biométriques*[2] ».

Les arguments sécuritaires avancés sont toujours les mêmes. Il s'agit de repérer les comportements qui sortent de la norme. Cette notion de norme est dès lors sujette à interrogation : dans le cas des festivals de musique par exemple, certains comportements

que l'on qualifierait volontiers d'« anormaux » dans un autre contexte ne le sont plus. Toute la justification du gouvernement revient à dire que ces algorithmes ne feront que pointer les comportements anormaux aux agents chargés de visionner les vidéos. Il n'y aurait là qu'un outil d'assistance pour gérer un flot d'images trop important pour le seul œil humain.

La promesse est donc double : un outil technologique neutre associé à une intervention humaine en bout de chaîne. La première, celle de la neutralité technologique, a depuis longtemps été contredite. Pourtant, cette opinion est tenace parmi les promoteurs d'une idéologie de la surveillance à grande échelle. Les algorithmes utilisés dans ce type de surveillance automatisée sont entraînés sur des données reflétant les biais raciaux et genrés de nos sociétés. Ces bases de données servent à définir une « norme » qui n'a donc rien d'objectif. Cette pensée témoigne également d'une confiance excessive dans les machines et l'automatisation des tâches en général. Si le gouvernement promet une décision humaine en fin de chaîne, *quid* de la protection (et donc de l'intérêt) de l'agent humain qui ira contre les recommandations de la machine ? Discrets, presque invisibles, les dispositifs de surveillance (capteurs, caméras) voient sans être vus. Leurs fonctions s'exercent en silence tandis

2 - La Quadrature du Net, « La France, premier pays d'Europe à légaliser la surveillance biométrique » [en ligne], 23 mars 2023.

que les données qu'ils transmettent sont imperceptibles. En ce sens, ils semblent participer d'une forme de panoptique benthamien.

La sécurité, première des libertés

Le recours à la surveillance automatisée s'inscrit également dans un discours politique, affirmant que la sécurité serait la première des libertés. Pour ses adeptes, l'intelligence artificielle (IA) résout le problème majeur de la surveillance vidéo, à savoir la difficulté d'analyser de très grandes quantités d'images. Dès lors, le discours sécuritaire visant à installer toujours plus de caméras a pour conséquence logique la promotion de ces solutions. Pourtant, le recours à de tels outils provient du mythe de leur infaillibilité. Déjà dans les années 1920, des premiers modèles statistiques et sociologiques avaient pour objectif de prédire les crimes et les délits. Aujourd'hui, de nombreuses entreprises s'engouffrent dans cette brèche en promettant aux autorités des logiciels de prédiction des crimes, de traçage ou de VSA. Néanmoins, il convient de rappeler que ces solutions sont imparfaites, biaisées et sources de discriminations, et qu'aucune surveillance n'empêche les délits d'être commis, mais déplace leurs lieux de réalisation. Ce solutionnisme technologique ne répond qu'à

l'angoisse sécuritaire alimentée par des discours politiques.

Cette expérimentation olympique s'inscrit dans une généalogie de la *technopolice*. En France, en 2019, la ville de Nice a par exemple voulu tester la reconnaissance des émotions dans la ville. En 2018, c'est la région Provence-Alpes-Côte d'Azur qui a voulu installer un logiciel de reconnaissance faciale dans les lycées. Mais c'est avec la pandémie due au Covid-19 que de nombreux systèmes de surveillance et de traçage ont été déployés dans l'espace public et ont forgé l'accoutumance du grand public à ces technologies envahissantes destinées à être temporaires mais qui se sont généralisées (drones policiers, QR code pour accéder à certains lieux pendant les JO…). De la même manière, des caméras associées à des solutions d'intelligence artificielle seront déployées dans le métro mais ne seraient utilisables qu'*a posteriori* dans le cadre d'enquêtes judiciaires et sous contrôle d'un juge.

Un système qui n'a jamais fait ses preuves

La vidéosurveillance « intelligente » suscite de vives critiques quant à son efficacité. En 2022, la Commission nationale de l'informatique et des libertés (CNIL) a souligné que la VSA représente bien plus qu'une simple optimisation des dispositifs de surveillance existants. Ces technologies permettent une surveillance plus exhaustive et invisible des lieux publics où s'exercent certaines libertés fondamentales. Dès lors, elles opèrent un changement de nature dans la surveillance de l'espace public[3]. Mais, des exemples passés montrent également les limites de ces technologies. En 2016, la SNCF a testé des caméras « intelligentes » pour détecter les agressions, sans en communiquer les résultats. En 2017, à Londres, une expérience de reconnaissance faciale au carnaval de Notting Hill a échoué avec de nombreux « faux positifs ».

Il est peu probable que ces usages ne soient pas pérennisés.

Cette adoption de la VSA est officiellement temporaire. Toutefois, il est peu probable que ces usages ne soient pas *in fine* pérennisés. La VSA s'inscrit dans un contexte plus large d'automatisation de la surveillance et des politiques de promotion de la *Smart City*, dans laquelle s'institue une gouvernance par les données (de plus en plus de processus décisionnels sont ainsi délégués à des solutions fondées sur de l'IA). Cet *« état d'urgence technologique*[4] *»* s'impose à bas bruit, profite d'événements exceptionnels et tend à normaliser des mesures ponctuelles, complexifiant tout retour à la normale. Jusqu'où irons-nous dans l'adoption de ces technologies de surveillance ?

Adrien Tallent
Doctorant en philosophie à l'université Paris Sorbonne, il travaille sur les conséquences éthiques et politiques de l'utilisation massive des données.

SÉNÉGAL : UN NOUVEAU CONTRAT SOCIAL ?
Mamadou Diouf

Le 24 mars 2024, à la suite des élections présidentielles, Bassirou Diomaye Faye est élu, à 44 ans, avec un peu plus de 54 % des voix, président de la République du Sénégal. L'élection d'un opposant, au premier tour, est un événement inédit, d'autant que,

3 - CNIL, *Caméras dites « intelligentes » ou « augmentées » dans les espaces publics. Position sur les conditions de déploiement* [en ligne], juillet 2022.

4 - Olivier Tesquet, *État d'urgence technologique. Comment l'économie de la surveillance tire parti de la pandémie*, Paris, Premier Parallèle, 2021.

incarcéré depuis neuf mois, il avait été empêché de participer au début de la campagne électorale. À la suite de son investiture, il a choisi le président du parti dont il était le secrétaire général[1], Les Patriotes africains du Sénégal pour le travail, l'éthique et la fraternité (Pastef), comme Premier ministre, Ousmane Sonko, le leader charismatique qui a été pendant plusieurs années la cible politique du régime et du président de la République Macky Sall. Accusé de viol, arrêté et libéré plusieurs fois pour divers motifs, ce dernier a été condamné pour corruption de la jeunesse à deux années de prison en mai 2023 et emprisonné en juillet 2023 – une sanction qui l'élimine de la course à la présidence de la République. Sonko se choisit alors un « dauphin » et décoche le slogan de la campagne : *« Diomaye, c'est Sonko, et Sonko, c'est Diomaye. »*

Comprendre la victoire de Diomaye Faye et du Pastef, ainsi que l'échec du président Macky Sall et de sa coalition, Benno Bokk Yakaar (« Unis par l'espoir »), requiert de tracer la trajectoire historique de la construction de l'État sénégalais, de sa classe politique et de sa société civile. Cette longue marche du Sénégal vers une société ouverte et un État semi-démocratique est une *« réussite exemplaire »*, entretenue par un *« contrat social »* entre les porteurs de légitimités traditionnelles et religieuses, et l'État colonial puis postcolonial[2].

La fin du cycle senghorien

L'élection de Diomaye Faye annonce en effet la clôture du cycle senghorien et l'effondrement du modèle islamo-wolof[3]. La géographie (la région du centre-ouest du pays et son économie agricole, centrée sur l'arachide), l'anthropologie (les confréries religieuses et les chefs traditionnels, et les paysanneries qu'ils contrôlent) et la politique (le système clientéliste et le recyclage continu des élites) ne parviennent plus à assurer des *« révolutions passives[4] »* par la cooptation, la corruption et le soutien mercenaire (joliment appelé « transhumance »). Le contexte général des transitions démographiques, politiques, économiques et culturelles a ouvert, en particulier à la jeunesse, des espaces

---

1 - Il a démissionné de son poste dès son investiture, conformément à son engagement à dissocier la fonction de président de la République de celle de chef de parti.

2 - Voir Donal B. Cruise O'Brien, « Le contrat social sénégalais à l'épreuve », *Politique africaine*, n° 45, 1992, p. 9-20 ; et, avec Momar-Coumba Diop et Mamadou Diouf, *La Construction de l'État au Sénégal*, Paris, Karthala, coll. « Hommes et sociétés », 2002.

3 - M. Diouf, *Histoire du Sénégal. Le modèle islamo-wolof et ses périphéries*, Paris, Maisonneuve et Larose, 2001.

4 - Robert Fatton Jr, *The Making of a Liberal Democracy: Senegal's Passive Revolution, 1975-1985*, Boulder, Lynne Rienner Publishers, 1987.

d'innovations et de bricolages qui provoquent une érosion progressive des systèmes d'inégalités et de domination, ainsi qu'une remise en cause des règles du genre et de la génération. En conséquence, le modèle mis en place depuis la colonisation, qui repose sur des arrangements sociaux et politiques qui arriment les marabouts et les détenteurs de légitimités traditionnelles à l'État colonial, amorce son déclin depuis plusieurs années.

Face à la crise, le modèle s'est ajusté pour éviter son effondrement. Pour répondre aux tentatives du président Mamadou Dia de le reformer, ce dernier est éliminé en 1962 par la conjonction des forces « impérialistes » et l'islam[5]. Senghor met en place un régime à parti « dominant » (pour éviter le vocable de parti unique) de 1966 à 1974. Pour faire face à la crise syndicale, scolaire et estudiantine de 1966 à 1971, il crée le poste de Premier ministre en 1970 et rétablit le multipartisme à trois courants (socialiste, marxiste et libéral) avec l'ouverture démocratique de 1974.

Le successeur de Senghor, Abdou Diouf, adopte la même démarche que son parrain, après avoir, dans son fameux mémoire de 1960 sur l'islam et la société wolof, brossé le

5 - Mamadou Dia, *Mémoires d'un militant du Tiers-Monde*, Paris, Publisud, 1985.

portrait sans concession du modèle islamo-wolof. Pour répondre aux demandes sociales, politiques et syndicales entraînées par le renforcement des programmes d'ajustement structurel, Diouf procède à « *l'ouverture démocratique intégrale* », à différents arrangements institutionnels et politiques qui sont couronnés par le gouvernement de la majorité présidentielle élargie (1991), avec une amélioration progressive de l'administration et de la conduite des élections.

Senghor et Diouf ont comblé quelques lézardes, mais sans empêcher que l'édifice ne vacille. La victoire du Parti démocratique sénégalais d'Abdoulaye Wade en 2000 met le modèle à l'épreuve du « changement » *(Sopi)*. Mais Wade et son parti réduisent les espaces d'intervention des principaux acteurs du modèle et assujettissent les marabouts au système politique en les encourageant à devenir des politiciens actifs. Ces changements interviennent dans un environnement marqué par la corruption, le népotisme, le clientélisme et l'accélération de la circulation des élites – entre l'opposition et le pouvoir, et entre différents postes. Par conséquent, les liens entre les différents acteurs se distendent, l'administration perd ses animateurs les plus compétents et les partis politiques se fragmentent. Avec Wade, le modèle ne parvient plus à se réformer et les attentes sont déçues[6].

La descente aux enfers s'accélère avec la bataille autour du « troisième mandat » d'Abdoulaye Wade et la tentative de *« dévolution monarchique du pouvoir »* à son fils, Karim Wade. L'échec de Wade aux élections de 2012 et l'arrivée au pouvoir de Macky Sall annoncent des changements radicaux, énoncés dans les slogans *« Les marabouts sont des citoyens »* ou *« La patrie, non le parti »*, les conclusions des Assises nationales de 2009 et autres promotions de la bonne gouvernance. Avec Macky Sall aussi, les attentes sont déçues. Pire, le régime réaménage la « transhumance » politique, amplifie la corruption, accélère la fragmentation politique et propose la mise en place de coalitions politiques dans un système de plus en plus autoritaire et violent.

La jeunesse au pouvoir

La remise en cause du « contrat social » et la morgue de la nouvelle classe dirigeante ouvrent des espaces pour de nouvelles formules politiques et de nouveaux modes d'intervention dans l'espace public. Les jeunes s'y engouffrent. La refondation morale à laquelle ils aspirent réclame avec force le découplage du religieux et du politique, et fait la promotion de la patrie plutôt que du parti. C'est cette sortie du modèle islamo-wolof et de ses périphéries qui clôt le cycle senghorien. Pour reprendre les propos de l'historien et ancien homme politique sénégalais Abdoulaye Bathily, le Sénégal a connu deux *« alternances politiques »* sans *« alternative politique »*[7].

La troisième alternance politique, en tout cas, signale une rupture avec la survenue d'une nouvelle classe politique et l'affichage de nouvelles postures culturelles et civiques. La victoire de Bassirou Diomaye Faye consacre la clôture du *« contrat social »*, l'abandon de la culture qui lui est associée et la perte d'influence des leaders religieux. Le succès de « l'islam de la rue » et les nouvelles organisations de la parenté et du voisinage ont considérablement affaibli les sociabilités attachées au *« contrat social »* et la capacité de contrôle des leaders de communautés sur leurs territoires, au profit de l'autoritarisme de l'État. La clôture du modèle islamo-wolof entraîne un effritement du pilier confrérique à cause du retrait des leaders des confréries de l'espace politique électoral, de la dissociation progressive de l'autorité politique et religieuse, de l'émergence du marabout citoyen et

6 - Pathé Diagne, « Abdoulaye Wade ou la fin du cycle senghorien », dans Momar-Coumba Diop (sous la dir. de), *Le Sénégal sous Abdoulaye Wade. Le Sopi à l'épreuve du pouvoir*, préface de M. Diouf, Paris, Consortium pour la recherche économique et sociale/Karthala, 2013, p. 97-118.

7 - Abdoulaye Bathily, *Passion de liberté. Mémoires*, Paris, Présence africaine, coll. « Histoire, politique, société », 2022.

politicien, mais surtout de « *l'islam de la rue*[8] ».

L'arrivée au pouvoir de la jeunesse annonce-t-elle une refondation morale, civique, politique et économique du pays ? On peut constater un affaiblissement des expressions de l'islam politique, comme en attestent les défaites de la coalition Benno Bokk Yakaar dans les cités religieuses. Il semble que nous assistons au reflux du religieux de l'espace politique et à la clôture définitive de la « prescription électorale » *(ndiggel)* des chefs religieux. Une situation qui semble annoncer une réorientation des investissements maraboutiques vers l'éducation et la formation, ainsi que de nouvelles modalités de présence du religieux dans l'espace public. Autant de transformations produites par des innovations dans les pratiques culturelles, sociales et politiques. L'ascension au pouvoir du Pastef signale le poids de l'expertise administrative au détriment des formules idéologiques.

Mamadou Diouf
Historien, professeur à l'université Columbia, il a notamment publié *L'Afrique dans le temps du monde* (Ròt-Bò-Krik, 2023).

8 - Abdourahmane Seck, *La Question musulmane au Sénégal. Essai d'anthropologie d'une nouvelle modernité*, préface de Jean-Louis Triaud, Paris, Karthala, 2010. Sur l'africanisation de l'islam et l'islamisation de l'Afrique, voir aussi David Robinson, *Muslim Societies in African History*, Cambridge, Cambridge University Press, coll. « New approches to African history », 2004.

RETOUR D'ARGENTINE
Guillaume Le Blanc

Il se passe un phénomène sans précédent en Argentine, une expérimentation politique à ciel ouvert d'un néolibéralisme sans État, dans laquelle même la référence au pays, à l'Argentine, semble de moins en moins centrale. Est-ce le degré zéro de la politique, le retour à un état de nature de la société, un rêve libéral et libertaire devenu, le temps d'un mandat, projet de gouvernementalité ? Milei clame encore plus fort ce que Trump et Bolsonaro, déjà, disaient tout haut. La haine du socialisme, de l'écologie, la croyance selon laquelle le capitalisme, en engendrant « *une explosion de la richesse* », a « *sorti 90 % de la population de la pauvreté*[1] ». Seulement, il va encore au-delà de ses deux comparses car la référence à l'Argentine, sauf pour en louer la grandeur à la fin du XIXᵉ siècle, tend à s'effacer et avec elle la référence à la souveraineté nationale sur laquelle ni Trump, ni Bolsonaro n'ont voulu revenir, empruntant à la mythologie argentine les traits d'une terre vierge, quasi infinie, pampa illimitée où tout devient possible.

1 - Discours de Javier Milei au Forum de Davos, 18 janvier 2024.

La haine de l'État

La souveraineté monétaire qui forme le cœur de la souveraineté nationale est moribonde : Milei veut s'aligner sur le dollar et en rester là avec le pesos. C'est là son unique remède contre une inflation à plus de 200 %. La destruction de l'État est amorcée et ses formes élémentaires sont par terre. Il n'y a plus le moindre argent dans les universités, dans les écoles, dans la culture, dans toutes les institutions sociales, il ne reste plus que les seuls secteurs de l'armée et de la police.

_____

L'anarcho-capitalisme n'est pas une anomalie dans le projet néolibéral, il en constitue la pointe extrême.

_____

Lorsque Michel Foucault a analysé le néolibéralisme, c'était pour montrer qu'il reposait sur *« la phobie d'État*[2] *»*. C'est bien d'elle dont il est question en Argentine. Une nouvelle gouvernementalité se déplie au plus près des initiatives individuelles devenues religion du marché. L'anarcho-capitalisme cher à Milei n'est pas une anomalie dans le projet

néolibéral, il en constitue la pointe extrême, l'élément d'hystérisation le plus redoutable. Les amis argentins avec qui j'ai discuté le disent : on a tort de voir en Milei une copie de Trump. Ce dernier veut rendre à l'Amérique sa grandeur, alors que Milei tourne le dos à ce discours, pour métamorphoser le pays en marché et le gouverner d'après les seules règles de la concurrence et de l'entreprenariat. La question n'est plus de savoir comment gouverner avec le moins d'État possible mais bien plutôt de savoir comment gouverner sans État. Il n'est pas jusqu'aux plus pauvres qui ne doivent plus avoir le moindre argent de l'État pour pouvoir à nouveau croire en eux-mêmes.

Quarante ans après la fin de la dictature, la question de la percussion entre néolibéralisme et post-fascisme se pose avec acuité. Là où il pourrait sembler qu'il y a contradiction entre la haine de l'État et un pouvoir autoritaire, en réalité le pouvoir tire son autorité de cette haine de l'État qu'il s'agit dès lors de légitimer dans la société. La dictature elle-même a cessé d'être un tabou. On peut même s'en prévaloir, quitte à en atténuer les formes. Ainsi les crimes politiques de la période 1976-1984 sont-ils transformés en simples *« excès »* d'une lutte légitime contre les communistes, analysée comme une véritable guerre. En pleine campagne présidentielle, le

_____

2 - Michel Foucault, *Naissance de la biopolitique. Cours au Collège de France. 1978-1979*, éd. Michel Senellart, sous la dir. de François Ewald et Alessandro Fontana, Paris, EHESS/Gallimard/Seuil, coll. « Hautes études », 2004, p. 77-78.

1er octobre 2023, Milei avait d'ailleurs déclaré : « *Pendant les années 1970, il y a eu une guerre. Et pendant cette guerre, les forces de l'État ont commis des excès.* »

Les disparus

Quand on se rend dans l'ancienne école militaire navale en périphérie de Buenos Aires (l'ESMA), où ont été commis, pratiqués, systématisés les enlèvements, les tortures et les disparitions des opposants politiques ou supposés tels, on est d'abord assailli par le silence qui règne dans ce lieu de mort. Dans un grand parc non loin du delta du Tigre sont alignés des immeubles, dont le plus terrible, désormais transformé en musée, fut un lieu de séquestration et de torture en même temps qu'y dormaient les officiers de la marine. Là, il est impossible de ne pas comprendre à quelle terreur s'est livrée la dictature argentine dans un projet d'élimination systématique de ses opposants, selon une méthodologie empruntée à la méthode militaire française en Algérie – enlever, torturer, faire disparaître – transmise par d'ex-militaires dès la mise en place de la dictature argentine. Et tandis qu'au Chili les enlèvements sous Pinochet se commettaient au grand jour pour terroriser et soumettre la population, les enlèvements en Argentine eurent lieu la nuit, afin que les disparus ne soient ni vivants ni morts. C'est ce qu'avait théorisé le président argentin

Jorge Videla, expliquant à des journalistes, en 1979 : « *C'est un disparu, il n'a pas d'identité, il n'est ni mort ni vivant, il a disparu, contre cela nous ne pouvons rien faire.* » On sait que tout l'effort des grands-mères et des mères de mai fut justement de documenter les disparus, de les faire exister, de les sortir de l'oubli en demandant des comptes. Que Milei puisse aujourd'hui se réclamer d'un tel héritage laisse penser que la référence à la démocratie est devenue presque obsolète pour une partie de la population, de même que la mémoire de la dictature, qui s'est incontestablement fissurée.

Or la réécriture de l'histoire est toujours le premier pas dans l'affirmation d'un gouvernement tantôt a-démocratique, tantôt anti-démocratique. Le 26 mars 2024, le gouvernement Milei a présenté une vidéo de douze minutes, justifiant des crimes contre l'humanité perpétrés par les généraux sur des individus identifiés à l'extrême gauche et présentés comme des ennemis de la nation, armés et dangereux. La vidéo va jusqu'à mettre en cause le chiffre de 30 000 disparus pendant la dictature, et souligne que les auteurs d'attentat d'extrême gauche, contrairement aux militaires, n'ont pas été jugés. Deux jours avant, le 24 mars, la vice-présidente Victoria Villarruel, qui n'a eu de cesse d'apporter son soutien aux militaires accusés de crime contre l'humanité, a publié sur son compte X une vidéo où on l'entend dire qu'il n'y a pas eu 30 000 disparus.

L'immensité

En voiture, en bus, sur ces routes à perte de vue où il n'est pas rare de ne croiser que des voitures sur les routes et des bovins dans les champs sans relief sur des cinquantaines de kilomètres, on se prend à s'interroger : comment est-il possible de faire tenir ensemble une telle immensité ? Sous un ciel bas et devant un paysage sans limite, le long d'une route droite jusqu'à l'horizon, on se prend à douter : qu'est-ce qu'une nation ? L'illusion peut être de croire qu'il n'existe aucun lien entre les individus, que la seule forme qui les relie est celle d'une appartenance brute, quasi originaire, à une terre, que viendrait sceller une langue commune. Est-ce que l'anarcho-capitalisme trouve dans l'expérience en cours aujourd'hui tout autant que dans l'illusion de l'infinité des espaces sa véritable origine ?

Je me souviens qu'en 1978, alors que j'étais enfant et que la France s'était qualifiée pour la coupe du monde de football en Argentine, la question de boycotter le match à la télévision s'était posée en raison de la dictature. Je me souviens que cette possibilité a été balayée d'un revers de la main. En me rendant à l'ESMA par un dimanche pluvieux, j'ai vu le stade

de la finale de la coupe du monde à quelques centaines de mètres du lieu où l'on torturait les opposants, avant de les faire disparaître, le mercredi, lors de vols où ils étaient jetés, vivants mais drogués, dans l'océan. Avec l'aval de l'Église déclarant que c'était là mort catholique puisqu'il n'y avait pas d'effusion de sang. Qu'ont dû penser les torturés de l'ESMA quand ils entendaient les clameurs du stade ? Sans doute que leur sort était scellé et que tout irait vers l'oubli, comme le confièrent quelques survivants. Est-ce cette politique qui revient aujourd'hui sous des formes atténuées ? Ne vivons-nous pas, sous le ciel argentin, les liaisons dangereuses du néolibéralisme et de l'autoritarisme le plus cru ? Et comment penser que, des effets de cette expérimentation en cours, les autres nations contemporaines seraient immunes ?

Guillaume Le Blanc
Professeur de philosophie sociale et politique à l'université Paris Cité, il a récemment publié *Oser pleurer* (Albin Michel, 2024).

IRAN ET ISRAËL : MEILLEURS ENNEMIS

Denis Bauchard

L'attaque de missiles iraniens sur le sol israélien le 13 avril 2024, suivie par une riposte d'Israël visant une base militaire proche d'un des principaux sites nucléaires iraniens, fut le point d'orgue d'une guerre multiforme qui oppose les deux pays depuis plusieurs décennies. Alors qu'Israël entretenait les meilleures relations, diplomatiques et même militaires, avec l'Iran du Shah Mohammad Reza Pahlavi, il est apparu très vite qu'il n'en serait pas de même avec la République islamique. L'imam Khomeiny dénonce Israël comme un ennemi de l'Islam et le qualifie de *« petit Satan voué à la destruction »*. Des déclarations comparables furent faites par Ali Khamenei, même s'il a accompagné son propos de la précision que cette disparition ne concernait pas « les Juifs », mais le « régime ». D'abord intermittente, cette guerre s'est installée dans la durée : dès les années 1990, Benjamin Netanyahou qualifie l'Iran de menace existentielle.

La guerre de l'ombre

La guerre menée par Israël a longtemps été une guerre de l'ombre, non revendiquée ouvertement. Israël dispose avec le Mossad d'un réseau de renseignements performant sur place. Il s'attaque en priorité au développement du nucléaire iranien. Ainsi, six scientifiques de haut niveau en physique nucléaire ont été visés par des assassinats ciblés sur le sol iranien dont, en décembre 2020, Mohsen Fakhrizadeh, l'homme clef du programme nucléaire iranien. De nombreuses attaques ont visé également des responsables militaires, notamment des Gardiens de la révolution[1].

Des cyberattaques sont également menées en coopération avec les États-Unis à travers l'unité 8200, l'équivalent israélien de la *National Security Agency* (NSA) américaine. On rappellera en particulier l'utilisation du virus informatique Stuxnet, qui en 2010 a fortement perturbé les turbines de la centrale nucléaire de Bouchehr comme les centrifugeuses du site de Natanz. Un virus similaire mais plus violent a été utilisé sur des infrastructures et des réseaux stratégiques en 2018.

1 - Cet aspect de l'action d'Israël a été amplement documenté dans le livre du journaliste israélien **Ronen Bergman**, *Rise and Kill First. The Secret History of Israel's Targeted Assassinations*, New York, Random House, 2018.

Un autre élément de déstabilisation est le soutien apporté à des minorités ethniques, kurdes ou baloush, ou à des mouvements d'opposition. Depuis des années, les services de renseignements israéliens sont très actifs dans leur soutien aux populations kurdes opprimées par les régimes arabes comme par l'Iran. Israël utilise le Kurdistan irakien comme base pour d'éventuelles opérations en Iran, avec la présence connue du Mossad à Erbil. Israël appuie ouvertement la création d'un État kurde qui regrouperait l'ensemble des populations dispersées actuellement entre quatre pays. Cet appui prend diverses formes : soutien financier, formation, armement. Le soutien aux oppositions au régime, notamment le mouvement islamo-marxiste des Moudjahidin du peuple, accusé de provoquer régulièrement des attentats dans le territoire iranien, est continu. Israël a réussi à convaincre les États-Unis comme l'Union européenne de retirer ce mouvement de la liste des mouvements qualifiés de terroristes à la fin des années 2000.

D'une façon générale, le nombre d'incidents – explosions sur des sites sensibles, attentats lors de manifestations publiques, y compris de défilés militaires – se multiplie. L'attentat survenu en janvier 2024 à Kerman, qui a tué plus de cent personnes, à l'occasion de la commémoration de la mort du général Qassem Soleimani,

fait partie de ces « incidents » dont les auteurs n'ont pas été identifiés et qui ont été attribués par Téhéran à Israël.

La guerre par procuration

Les répliques directes de l'Iran à cette guerre de l'ombre sont relativement modestes. En revanche, depuis près de quarante ans, le régime a privilégié le choix de la guerre par procuration. Ainsi, la création du Hezbollah au Liban résulte au départ d'une initiative de Téhéran de regrouper et de structurer à sa solde des groupes informels au sein des communautés chiites de plusieurs pays arabes – également en Syrie et en Irak – pour étendre son influence et susciter un « axe de la résistance » contre Israël.

Les liens entre les chiites libanais et l'Iran sont très anciens. Après l'invasion du Liban par l'armée israélienne en 1982, l'Iran décide de regrouper différentes factions chiites au sein du Parti de Dieu qui devient rapidement une force à la fois politique et militaire à l'influence croissante au Liban. Dans les années 1990, il multiplie les attaques contre l'armée israélienne occupant le Liban et ses supplétifs de l'Armée du Liban Sud (ALS). L'armée israélienne harcelée quitte le Liban en 2000 et l'ALS est dissoute. En 2006, à la suite de la guerre des 33 jours et du repli sans résultat décisif de Tsahal, son chef, le cheikh Nasrallah annonce une *« victoire divine »*. Depuis le 7 octobre 2023, les incidents intermittents sont devenus quotidiens, conduisant Israël à évacuer plus de cent mille résidents à proximité de la frontière libanaise. Le Hezbollah est devenu une véritable armée, aguerrie par ses combats en Syrie en appui au régime de Bachar el-Assad. Il représenterait une force 50 000 combattants, y compris les réservistes, avec un arsenal fabriqué en partie localement et approvisionné régulièrement par l'Iran en missiles de courte et moyenne portées. Ses activités dépassent le Moyen-Orient : son action sous forme d'attentats terroristes ponctuels visant des cibles au sein des communautés juives de la diaspora est régulièrement dénoncée par Israël.

Depuis le début de la guerre à Gaza, le Hezbollah fait le service minimum en lançant des attaques sur le nord d'Israël, voire au-delà, mais ne s'est pas véritablement engagé dans une guerre ouverte, tout en proclamant sa « solidarité » avec le Hamas. Israël, de son côté, pilonne au quotidien le Sud Liban, voire le siège du Hezbollah dans la banlieue sud de Beyrouth. Mais il est clair que le Hezbollah représente une véritable menace à sa frontière nord et qu'Israël est bien décidé à l'éradiquer. Des signes récents laissent à penser que le risque d'extension de la guerre sur le front nord est de plus en plus

fort malgré les pressions américaines, avec des conséquences incontrôlables au Liban voire au-delà.

S'agissant du mouvement houthi, du nom d'une tribu du nord du Yémen qui est en guerre avec l'Arabie saoudite depuis 2014 et contrôle maintenant l'essentiel du Yémen utile, la relation est de nature différente. Certes, les Houthis de confession zaïdite sont des chiites, mais d'une sensibilité distincte de celle des Persans. En outre, ce mouvement n'a pas été créé par Téhéran et dispose de son propre agenda et d'une réelle autonomie. Il n'empêche que l'Iran a profité de cette opportunité, dès l'invasion du Yémen par l'Arabie saoudite en mars 2015, pour soutenir le mouvement en envoyant des conseillers du Hezbollah, des cadres des Gardiens de la révolution et de l'armement. Au moment du déclenchement de la guerre de Gaza, les Houthis ont commencé à utiliser des missiles de longue portée visant Israël et à s'attaquer au trafic maritime de la mer Rouge, entretenant une insécurité lourde de conséquences économiques pour Israël et les pays européens.

Quant au Hamas, mouvement sunnite, émanation de la confrérie des Frères musulmans, il n'a bien évidemment pas été créé par Téhéran. Mais si l'attaque du 7 octobre ne relève que de la seule initiative du Hamas, l'appui de l'Iran a été multiforme : formation à la production de roquettes et de drones, soutien financier, livraisons d'armes de petit calibre et de missiles antichars vers Gaza, la Cisjordanie voire le Liban, *via* la Syrie ou la Jordanie.

Vers un affrontement direct ?

Israël semble de plus en plus tenté par un affrontement direct. Un premier pas a été franchi avec le développement d'actions visant des troupes ou des bases iraniennes installées en Syrie comme en Irak. Cette « guerre entre les guerres », pour reprendre l'expression israélienne, est active depuis 2011 avec plusieurs objectifs : cibler les convois acheminant des armes au Hezbollah libanais, empêcher l'installation de milices pro-iraniennes en Syrie et en Irak ou de bases militaires iraniennes. Alors qu'il exerçait les fonctions de Premier ministre, Naftali Bennett a explicité en juin 2022 la stratégie de Tsahal à l'égard de ce qui est qualifié de « 3ᵉ cercle », en clair l'Iran. Une stratégie dite de la « pieuvre », qui vise non seulement ses tentacules – les mouvements liés à l'Iran – mais également sa tête. Les attaques aériennes ou par missiles tendent à se multiplier en direction de la Syrie, sans réaction jusqu'à maintenant de la Russie qui a pourtant des troupes sur place.

Cette « guerre entre les guerres » est active depuis 2011.

L'attaque contre le consulat iranien de Damas le 1ᵉʳ avril 2024, dans l'immeuble qui jouxte l'ambassade, provoque pour la première fois une forte réaction iranienne, néanmoins calibrée et sans effets notables, contre un objectif militaire, et en informant à l'avance Israël de son action. Le message était clair et symbolique : l'Iran dispose d'un arsenal qui peut atteindre Israël, mais continue de ne pas vouloir s'engager dans un conflit ouvert. La réplique israélienne ne s'est pas fait attendre mais, sous pression américaine, est restée modeste, tout en démontrant la capacité d'atteindre le territoire iranien, y compris un site nucléaire.

De fait, l'option militaire est évoquée en Israël depuis près de vingt ans : dès le début des années 2000, de nombreux responsables israéliens ont proclamé qu'Israël fera tout pour empêcher l'Iran de se doter d'un arsenal nucléaire. Sharon, en 2008, a demandé à Tsahal de préparer des plans d'attaque visant le territoire iranien. À plusieurs reprises, il semble qu'une attaque sur les sites nucléaires ait été proche de sa réalisation et aurait été désamorcée, par les réticences de Tsahal comme par de fortes pressions américaines. Il est vrai qu'elle serait techniquement difficile, les principaux sites étant éloignés de plus de 1 600 kilomètres, les installations les plus sensibles étant enfouies. En outre, ses effets seraient au mieux de retarder un programme militaire déjà très avancé. Mais la tentation demeure.

Cette guerre, sous ses différentes formes, s'accompagne naturellement de grandes manœuvres diplomatiques et d'une guerre informationnelle violente de part et d'autre. Du côté israélien, l'idée d'une *coalition of the willing*, notamment avec les pays du Golfe, émise au début des années 2000, a été reprise par le président Trump sous la forme des accords d'Abraham, voire d'une Otan du Moyen-Orient regroupant pays arabes et Israël contre la menace iranienne. De son côté, l'Iran a renforcé ses liens, y compris militaires, avec la Russie et la Chine et joue la carte de l'apaisement dans le Golfe avec l'accord de normalisation de ses relations avec l'Arabie saoudite sous médiation chinoise en 2003. Dans le contexte de la guerre à Gaza, il est peu probable que l'Arabie saoudite rejoigne à court terme une coalition contre l'Iran, même si elle poursuit son double objectif de renforcer sa coopération avec les États-Unis dans les domaines de la sécurité et du nucléaire et de normaliser ses relations avec Israël.

De fait, l'Iran est le meilleur ennemi d'Israël comme Israël est le meilleur ennemi de l'Iran. Téhéran peut instrumentaliser la question palestinienne pour étendre son influence dans le Moyen-Orient arabe où les opinions publiques lui restent très attachées. Pour Israël, la menace existentielle représentée par l'Iran est une cause consensuelle qui permet de mobiliser encore davantage le soutien politique, financier et militaire américain. Il est peu probable que les deux pays changent des politiques fondées sur le souci de garantir leur sécurité. La mort accidentelle du président Raïssi et l'élection probable d'un nouveau président également ultraconservateur ne modifieront en rien le comportement agressif de l'Iran. Israël ne peut que confirmer son objectif, d'autant plus que l'Iran, à supposer même un effondrement du régime des mollahs, ne renoncera pas à acquérir un système de dissuasion nucléaire qu'il juge indispensable à sa sécurité. Cette guerre sans issue n'est pas près de se terminer dans un Moyen-Orient en proie au chaos.

Denis Bauchard
Ancien diplomate, conseiller pour l'Afrique du Nord et le Moyen-Orient à l'Institut français des relations internationales, il est notamment l'auteur de l'ouvrage *Le Moyen-Orient au défi du chaos. Un demi-siècle d'échecs et d'espoirs* (Hémisphères, 2021).

L'Amérique contre elle-même

L'Amérique contre elle-même

Introduction

Anne-Lorraine Bujon

Huit ans après l'élection de Donald Trump à la tête des États-Unis, et alors que l'humeur nationale-populiste dont il reste l'incarnation la plus célèbre prospère également en Europe, c'est avec le même sentiment d'incrédulité que nous continuons, malgré tout ce que nous pensions avoir appris dans l'intervalle, d'enregistrer les nouvelles qui nous reviennent d'Amérique. Les images de procès alternées avec celles de meetings politiques, les diatribes incohérentes, les casquettes rouges siglées *« Make America Great Again »* semblent appartenir à l'une de ces fictions dont Hollywood a le secret, ou à la dernière saison d'une série Netflix, dans laquelle Elon Musk, menaçant de fermer Tesla comme un enfant de casser ses jouets quand on ne cède pas à ses caprices, tenterait de voler la vedette au millionnaire new-yorkais. Depuis l'insurrection au Capitole, le 6 janvier 2021, la machine américaine à créer des héros et des mythes semble s'être affolée.

Le procès qui s'est tenu à Manhattan au mois de mai 2024, à l'issue duquel Trump a été reconnu coupable des trente-quatre chefs d'accusation retenus contre lui, n'a fait que confirmer l'intense polarisation de la vie politique américaine. Les opinions sur le comportement de l'ex-président et l'intégrité du tribunal qui le jugeait s'alignent sur les préférences politiques[1]. Et ce qui est vrai de l'institution judiciaire s'étend désormais à l'ensemble des institutions, et jusqu'au système démocratique lui-même.

---

1 - 98 % de personnes qui s'identifient comme Démocrates jugent que les crimes de Trump sont graves ou très graves, mais le chiffre n'est que de 25 % chez les Républicains ; 95 % des Démocrates interrogés pensent que le procès s'est déroulé de manière impartiale, mais seulement 15 % des Républicains. Sondage YouGov, commenté par le *Washington Post*, 3 juin 2024.

Sur tous les sujets ou presque, les clivages entre conservateurs et progressistes semblent de plus en plus insurmontables. L'incapacité à se mettre d'accord conduit à une paralysie des institutions, qui nourrit en retour le mécontentement et la défiance.

Sur les aspects politiques et institutionnels de cette crise démocratique, dont les signes avant-coureurs remontent bien avant l'irruption de Trump, tout a déjà été écrit, ou presque. Le projet de ce dossier est d'en interroger plutôt les soubassements sociaux et culturels. Tocqueville déjà observait que la démocratie, en Amérique, n'était pas seulement un type de régime ou une forme de gouvernement, mais une expérience, nourrie par un ensemble de représentations et de pratiques sociales ordinaires. Aujourd'hui, la polarisation idéologique et les inquiétudes démocratiques dont elle est porteuse sont bien sûr un phénomène politique. Mais elles sont aussi profondément ancrées dans l'évolution de la société et de la culture américaines. Ces mêmes Américains qui se divisent sur le choix des candidats et des programmes regardent des séries télévisées différentes, ne fréquentent ni les mêmes magasins ni les mêmes restaurants, et habitent souvent dans des lieux où ils ont peu de chance de rencontrer des concitoyens qui ne partagent pas leurs préférences politiques.

Cette évolution s'inscrit dans la longue durée. Dans son ouvrage aujourd'hui devenu classique, *Bowling Alone: The Collapse and Revival of American Community*[2], Robert D. Putnam avait mis en lumière un tournant, à compter des années 1960, dans les habitudes de vie des Américains, qui participaient de moins en moins à des activités collectives où ils se parlent d'égal à égal, qu'il s'agisse des clubs de sport, de la fréquentation d'une église ou d'un syndicat, des associations de parents ou des comités de quartier ; ils préféraient désormais vivre seuls ou en famille, limitant leur interaction avec les autres. Ce changement coïncidait avec le creusement des inégalités économiques et une plus grande polarisation politique, précipitant en retour la perte de confiance dans les institutions démocratiques et l'idée même d'une société où l'intérêt des uns n'est pas nécessairement opposé à celui des autres, ni la poursuite du bonheur individuel incompatible avec la recherche du bien commun.

---

2 - Robert D. Putnam, *Bowling Alone: The Collapse and Revival of American Community*, New York, Simon and Schuster, 2000.

L'un des intérêts des travaux de Putnam est de montrer que l'effritement du lien social et de l'engagement civique ne date pas de l'extension des pratiques numériques, qui a prolongé et accentué, plus qu'elle n'a provoqué, ce tournant vers des formes d'individualisme radical, où chacun s'enferme dans une bulle où il n'est plus confronté à des opinions, à des croyances ou à des représentations différentes des siennes. Reste que dans l'Amérique de 2024, dans laquelle l'usage des médias sociaux s'est substitué à la lecture du journal dont Tocqueville faisait une religion démocratique, c'est aussi la relation des personnes à leur environnement immédiat, spatio-temporel, qui est entrée en crise. En substituant des communautés virtuelles aux communautés physiques, Internet et les médias sociaux contribuent à creuser l'écart entre des visions du monde et des modes de vie devenus progressivement irréconciliables. Ils opèrent une forme de dé-spatialisation qui finit par vider quasiment de son sens la notion de vie politique « locale », pourtant centrale dans les représentations de la démocratie américaine.

Ainsi, les textes qui composent ce dossier dessinent le tableau d'une société fragmentée à l'extrême, dans laquelle des valeurs longtemps constitutives de l'expérience démocratique américaine – la défense de la liberté d'expression ou de la responsabilité individuelle, la confiance en soi et la capacité à s'auto-gouverner *(self-reliance)* – semblent s'être retournées contre elles-mêmes, fragilisant les relations personnelles et les récits partagés qui faisaient tenir le pays ensemble. Les traits culturels qui fonctionnaient autrefois comme des forces de modération, en permettant l'expression des clivages et des divisions mais aussi leur résolution dans le consensus, fût-il minimal, s'exaspèrent aujourd'hui pour nourrir toutes sortes de séparatismes, mais aussi la résurgence d'oppositions parfois violentes, comme l'a montré en particulier l'étrange et chaotique année 2020 : alors que la pandémie de Covid-19 révélait l'ampleur des inégalités sociales, de santé, et la persistance de la fracture raciale, les mouvements de contestation se multiplièrent, allant de la colère de la droite libertarienne contre les mesures de confinement jugées liberticides aux émeutes suscitées par l'assassinat de George Floyd puis à l'extension d'un mouvement national contre les violences policières et pour la justice sociale, emmené par les jeunes activistes de *Black Lives Matter*, avant que la tension ne culmine dans l'insurrection du Capitole.

La crise de la représentation démocratique, aux États-Unis, est également une crise des représentations, dont la littérature ou le cinéma se font aujourd'hui l'écho. Aux certitudes des uns – milices suprémacistes, activistes des campus, fondamentalistes religieux – répond le sentiment d'abandon et de dépossession des autres – nouveaux nomades des mobil-homes, mères seules, toxicomanes ou psychotiques. De ce miroir brisé du rêve américain, dont il ne reste plus que des éclats épars, se dégage aussi bien la nostalgie d'une époque disparue, l'Amérique de l'après-guerre avec ses promesses d'avenir, que des relents réactionnaires, incarnés par les milices armées réunies au Capitole, ou encore l'espoir que renaissent de nouvelles formes d'appartenance et de communauté, fondées dans la conscience nouvelle des interdépendances que favorise la crise environnementale. Entre la société qui a porté le féminisme ou le mouvement pour les droits civiques dans les années 1960 – la Grande Société de Lyndon Johnson – et celle qui s'apprête à retourner aux urnes plus divisée que jamais en novembre 2024, l'écart peut sembler gigantesque. On y reconnaît pourtant certaines permanences, et on se prend à espérer, avec nombre d'écrivains et d'artistes, qu'il sera encore possible de substituer au slogan de Donald Trump celui de James Baldwin, lorsqu'il exhortait son neveu, dans *La Prochaine Fois, le feu*[3], à ne pas sombrer dans le désespoir et à continuer d'œuvrer, malgré tout, pour *« faire de l'Amérique ce que l'Amérique peut devenir »*.

> **Aux certitudes des uns répond le sentiment d'abandon et de dépossession des autres.**

---

3 - James Baldwin, *La Prochaine Fois, le feu* [1963], Paris, Gallimard, coll. « Folio », 2018.

Les limites de la liberté d'expression

« Je parlerai à Philadelphie ! »

Aux origines du combat pour la liberté d'expression

Alice Béja

L e 17 avril 2024, des étudiantes et étudiants de l'université de Columbia, à New York, occupent une partie du campus pour s'opposer au soutien apporté par le gouvernement des États-Unis à l'offensive militaire israélienne dans la bande de Gaza, en représailles des attentats commis sur le sol israélien par le Hamas le 7 octobre 2023. Au même moment, la présidente de l'université, Minouche Shafik, est interrogée par le Congrès sur sa gestion du mouvement et des propos antisémites qui auraient été tenus dans ce cadre. Le lendemain, elle prend la décision de faire appel à la police de New York pour démanteler le campement ; plus de cent étudiantes et étudiants sont arrêtés, pour la première fois depuis les protestations étudiantes contre la guerre du Vietnam il y a plus de cinquante ans. Dans les jours et les semaines qui suivent, de nouveaux campements s'établissent dans de nombreuses universités et le mouvement s'étend, condamné par les Républicains et certains Démocrates pour lesquels la protection de la liberté d'expression ne peut se faire au détriment de la préservation de l'ordre public.

La répression des mouvements étudiants émeut de nombreuses organisations, dont l'American Civil Liberties Union (ACLU), la principale organisation non gouvernementale de défense de la liberté d'expression, forte de plus de quatre millions de membres. Depuis sa fondation en 1920, elle se mobilise pour la défense du premier amendement à la Constitution des États-Unis et promeut une vision radicale de la liberté d'expression[1]. Dans une lettre aux présidentes et présidents d'université, l'association prévient : « *Dans votre gestion du militantisme de vos étudiants (et de vos enseignants et employés), il est essentiel de ne pas sacrifier les principes de la liberté académique et de la liberté d'expression qui sont au cœur de la mission éducative de votre respectable institution[2].* »

Au-delà de la complexité des régulations qui encadrent la liberté d'expression sur les campus (différence entre établissements privés et publics, jurisprudence permettant de réguler la manière, le temps et le lieu des protestations), les vifs débats outre-Atlantique remettent en scène la question des limites qu'il faudrait ou non lui apporter. Vu de France, les incompréhensions autour de la conception états-unienne de la liberté d'expression sont récurrentes[3] ; pourtant, aux États-Unis même, son histoire est loin d'être linéaire. Le premier amendement, qui garantit la liberté religieuse, la liberté d'expression, d'association, la liberté de la presse et le droit de pétition, n'a pas toujours eu la place qu'il occupe aujourd'hui dans la doctrine constitutionnelle ni dans l'idée que se font les Américains de leurs libertés individuelles. Souvent présentée comme un triomphe du libéralisme politique, portée par des juges éclairés et des militants progressistes, la conception moderne de la liberté d'expression aux États-Unis trouve ses racines au tournant du XXᵉ siècle dans la mobilisation des anarchistes pour le droit de défendre leurs convictions, à une période où elles et ils sont considéré·es comme de dangereux terroristes. Que l'on soit ou non d'accord avec la vision large, voire absolutiste, de ce droit tel qu'il s'exerce aux États-Unis, il est intéressant de revisiter son histoire, qui s'ancre dans la résistance aux violences policières, la revendication de libertés constitutionnelles par des groupes révolutionnaires, la conviction profonde, comme l'écrit l'anarchiste féministe Voltairine de Cleyre, qu'« *il n'a jamais été nécessaire de prôner la liberté de dire ce dont les puissants sont convaincus[4]* ».

---

1 - Au cours de sa longue histoire, l'ACLU, très active dans le mouvement des droits civiques, et aujourd'hui dans la défense des militant·es de Black Lives Matter, a également défendu des membres du Ku Klux Klan et d'organisations néonazies, au nom de cette conception absolue de la liberté d'expression. L'organisation s'en est notamment expliquée dans *Why the American Civil Liberties Union Defends Free Speech for Racists and Totalitarians* [en ligne], New York, American Civil Liberties Union, 1978.
2 - Anthony D. Romero et David Cole, "Open Letter to College and University Presidents on Student Protests" [en ligne], American Civil Liberties Union, 26 avril 2024 [nous traduisons].
3 - Voir Alice Béja, « Liberté d'expression, le miroir américain », *Esprit*, février 2015.
4 - Voltairine de Cleyre, "Our Police Censorship", *Mother Earth*, vol. 4, n° 9, novembre 1909, p. 301.

L'évolution de la doctrine constitutionnelle

La conception moderne de la liberté d'expression aux États-Unis, dans la plupart des histoires qui lui sont consacrées, naît dans le contexte de la Première Guerre mondiale, qui voit se multiplier les condamnations pour trahison et espionnage, deux notions aux définitions larges permises par le passage de lois sur l'espionnage (1917) et la sédition (1918). À l'époque, les dix premiers amendements à la Constitution des États-Unis (connus sous le nom de *Bill of Rights*) s'appliquent uniquement à l'État fédéral et non aux États fédérés et aux juridictions locales, ce qui limite fortement la protection des droits civiques individuels. Malgré la ratification du quatorzième amendement au lendemain de la guerre civile (1861-1865), qui stipule l'égalité de traitement des citoyens devant la loi par une procédure équitable *(due process)*, la Cour suprême, majoritairement conservatrice jusqu'au début des années 1920, autorise les limitations par les États des libertés garanties par le premier amendement[5], estimant que les libertés individuelles ne peuvent primer sur la cohésion sociale et les normes qui la régissent.

Pendant la guerre, alors que le gouvernement Wilson met en œuvre une large opération de propagande pour convaincre la population de la légitimité de l'intervention des États-Unis, la répression des mouvements qui critiquent la politique interventionniste et la conscription s'intensifie, de nombreux socialistes et anarchistes sont condamnés à des peines de prison, privés de leur citoyenneté et pour certains déportés pour activités séditieuses. En 1919, la Cour est saisie de plusieurs cas de ce type et confirme les condamnations prononcées au nom de la loi contre l'espionnage. Dans l'affaire *Schenck v. United States*, le juge Oliver Wendell Holmes, qui rédige l'opinion unanime de la Cour, estime que les pamphlets publiés par Schenck, un socialiste, constituent un *« danger manifeste et immédiat »* puisqu'ils peuvent mener à refuser la conscription, ce qui est un crime ; toujours en 1919, la Cour avalise également la condamnation d'Eugene Debs, le dirigeant du Parti socialiste, pour les mêmes raisons. Mais Holmes n'est pas favorable à toutes les restrictions et distingue la doctrine du *« danger manifeste et immédiat »* d'interprétations plus larges

---

5 - Bien que l'égalité des citoyens devant la loi et le droit de vote sans distinction de race soient reconnus par les quatorzième et quinzième amendements, la Cour suprême avalise à la fin du XIXᵉ siècle la ségrégation mise en œuvre dans les États du Sud, qui prive les Africains-Américains de leurs droits civiques.

données par la Cour dans d'autres affaires. Dans l'affaire *Abrams v. United States*, qui concerne des communistes et dans laquelle à nouveau la Cour estime que la loi sur l'espionnage ne va pas à l'encontre du premier amendement, il rédige une opinion dissidente dans laquelle il critique le jugement de la cour, arguant qu'*« il faut toujours être vigilants face aux tentatives de contrôler l'expression d'opinions que nous jugeons détestables et mortifères ».*

La Cour continue dans les années 1920 à avaliser les condamnations de socialistes, de communistes et de syndicalistes, mais le débat autour de la liberté d'expression et de son extension s'intensifie dans les cercles juridiques. En 1925, l'arrêt *Gitlow v. New York*, tout en confirmant la condamnation du journaliste socialiste Benjamin Gitlow pour un manifeste publié en 1919 qui défend le communisme socialiste incarné par l'Union soviétique, reconnaît l'incorporation du premier amendement, c'est-à-dire l'application de celui-ci aux États fédérés aussi bien qu'à l'État fédéral. Cette incorporation se poursuit pendant les décennies qui suivent, étendant la protection du premier amendement à des discours qui, en France, seraient considérés comme des discours de haine passibles de poursuites. Progressivement, la Cour suprême en vient à incarner non plus le contrôle des libertés individuelles, mais leur protection[6].

Le rôle de l'ACLU

Une telle vision de l'histoire du premier amendement, qui se concentre exclusivement sur la Cour suprême et ses arrêts, méconnaît cependant le rôle crucial qu'ont joué les mouvements sociaux, les organisations et les individus dans ces évolutions, en privilégiant une histoire institutionnelle qui fait de la Cour une entité autonome, dégagée de tout contexte social et politique. La *« révolution des libertés civiles[7] »* qui se déploie aux États-Unis à partir des années 1920 est portée par des mobilisations citoyennes et, au sein des organisations qui luttent pour lever les restrictions à la liberté

6 - C'est singulièrement le cas sous la présidence d'Earl Warren (1953-1969), lors de laquelle la Cour promulgue des arrêts importants, tels que *Brown v. Board of Education* (1954, déségrégation des écoles), *Griswold v. Connecticut* (1965, autorisation de la contraception et reconnaissance du droit à la vie privée) ou *Brandenburg v. Ohio* (1969), qui substitue à la notion de *« danger manifeste et immédiat »* édictée dans *Schenck* la condamnation des propos *« qui visent à inciter ou à produire une action illégale imminente »*, ce qui limite fortement les restrictions possibles à la liberté d'expression.
7 - Samuel Walker, *In Defense of American Liberties: A History of the ACLU* [1990], Carbondale/Edwardsville, Southern Illinois University Press, 1999, p. 4.

d'expression, l'ACLU est la plus importante et la plus emblématique. Elle voit le jour au lendemain de la Première Guerre mondiale et prend la suite du National Civil Liberties Bureau fondé en 1917 par Crystal Eastman, une avocate et journaliste socialiste et féministe, et Roger Nash Baldwin, sociologue qui a travaillé auprès de tribunaux comme agent de probation pour défendre les objecteurs de conscience. L'ACLU œuvre par l'accompagnement judiciaire, l'éducation et l'action directe pour porter devant la société et les tribunaux la question de la liberté d'expression et des restrictions qui lui sont imposées. Pendant les premières décennies de son existence, l'organisation défend en particulier les socialistes, les communistes et les syndicalistes, dont les activités et les propos sont durement réprimés par le gouvernement fédéral et les gouvernements des États. C'est notamment elle qui défend Benjamin Gitlow, dont l'affaire donne lieu à l'arrêt de 1925 qui marque l'incorporation du premier amendement et le rend applicable aux États.

Les fondateurs et fondatrices de l'ACLU défendent l'idée selon laquelle « *le premier amendement est le fondement de la démocratie. Le gouvernement du peuple signifie que chacun doit pouvoir parler librement, car toutes les idées doivent être entendues ; le gouvernement ne peut donc décréter que certaines idées sont inacceptables*[8] ». Dans le contexte de la Première Guerre mondiale et de l'intervention des États-Unis dans le conflit, une telle conception de la liberté d'expression va directement à l'encontre des objectifs du gouvernement, qui cherche à mobiliser la population en soutien à un conflit lointain dont la plupart des Américains ne comprennent pas le lien avec leur pays. La répression à l'encontre de toutes celles et tous ceux qui remettent en question l'intervention des États-Unis dans le conflit est généralisée et se fait sentir dans toute la population. Après l'Armistice, la « terreur rouge » de 1919-1920 menée par le ministre de la Justice A. Mitchell Palmer mène à l'arrestation, à la condamnation et parfois à la déportation de milliers d'anarchistes, de communistes et de socialistes. Si la liberté d'expression n'avait pas jusque-là fait l'objet de mobilisations importantes aux États-Unis, les réformateurs et réformatrices d'avant-guerre estimant que d'autres sujets (la lutte contre les inégalités et la corruption, le droit de vote des femmes…) étaient plus importants, l'intensité et la diffusion des mesures coercitives pendant la guerre et dans les années

---

8 - *Ibid.*, p. 12.

qui la suivent créent une prise de conscience de la nécessité de lutter contre ces atteintes.

Les principaux membres de l'ACLU sont pour la plupart issus de l'élite (universitaires, avocats, juristes) ; leur conception de la liberté d'expression se concentre sur la protection du discours politique. Zechariah Chafee, professeur à la faculté de droit de Harvard, l'un des fondateurs de l'ACLU, estime que le premier amendement est *« une déclaration de politique nationale en faveur de la discussion publique de toutes les questions qui relèvent du domaine public[9] ».* Ce faisant, il adopte, comme l'ACLU à sa fondation, une conception restreinte de la liberté d'expression, qui sera reprise par les juges de la Cour suprême Holmes et Brandeis, artisans de l'évolution de la Cour vers une position plus libérale dans les années 1920. Ce n'est que plus tard, par exemple, que l'ACLU inclura dans son plaidoyer pour la liberté d'expression les œuvres artistiques, en s'opposant à la caractérisation du roman *Ulysses* de Joyce comme obscène[10]. À sa création et jusqu'à la fin des années 1920, l'organisation se construit et se mobilise pour faire face à la répression des discours pacifistes et radicaux qui s'opposent à la guerre ; tout en défendant celles et ceux que le gouvernement considère comme des traîtres, les membres de l'ACLU ont à cœur de préserver sa respectabilité, sa crédibilité, et se tiennent à distance des milieux radicaux. Dans le livre qu'il publie en 1920, *Freedom of Speech*, Chafee déclare ainsi : *« Je n'ai moi-même aucune affinité avec les idées défendues par la plupart des hommes qui ont été emprisonnés pour leurs discours depuis le début de la guerre[11]. »*

L'ACLU, dont il ne s'agit pas ici de minimiser l'importance, ni les risques que ses membres prenaient en choisissant de défendre les dissidents politiques et syndicaux pendant une période de forte répression gouvernementale, représente un libéralisme progressiste qui trouve un écho chez certains juges de la Cour suprême. En défendant une vision strictement politique des droits garantis par le premier amendement et

---

9 - Zechariah Chafee, "Freedom of Speech in War Time", *Harvard Law Review*, vol. 32, n° 8, juin 1919, p. 934.
10 - *United States v. One Book Called Ulysses*, décision de la cour du district sud de New York en 1933.
11 - Zechariah Chafee, *Freedom of Speech*, New York/Harcourt, Brace and Howe, 1920, p. 2. Cité dans David M. Rabban, *Free Speech in Its Forgotten Years, 1870-1920*, Cambridge, Cambridge University Press, 1997, p. 314. C'est David M. Rabban qui a le premier mis en avant l'histoire méconnue de la lutte pour la liberté d'expression avant la Première Guerre mondiale. Cet article doit beaucoup à son livre.

en prenant leurs distances avec les milieux radicaux, Baldwin, Chafee et d'autres ont cependant participé à rendre invisible la manière dont ces milieux ont largement contribué à la reconnaissance de la liberté d'expression comme un objet de mobilisation politique et les ont eux-mêmes influencés.

Les anarchistes et la liberté d'expression

Les anarchistes du tournant du XXe siècle incarnent, aux yeux du gouvernement des États-Unis et d'une large partie de la population, les *« idées détestables et mortifères »* dont parle Holmes en 1919. En 1901, le président McKinley est assassiné par Leon Czolgosz ; cet attentat survient après deux décennies au cours desquelles des chefs d'État et de gouvernement ont été ciblés par des anarchistes ou des personnes se réclamant de l'anarchisme. Theodore Roosevelt, qui succède à McKinley en tant que président, qualifie les anarchistes de *« criminels »* et, au cours des années qui suivent, la répression à l'égard du mouvement s'intensifie. La police se voit donner davantage de pouvoir pour interdire les manifestations et les réunions ; les figures les plus connues du mouvement, telles que l'anarchiste féministe Emma Goldman (1869-1940), sont régulièrement empêchées de prendre la parole et arrêtées ; les publications anarchistes sont saisies et des lois sont votées qui permettent d'interdire aux anarchistes de venir aux États-Unis (*Anarchist Exclusion Act* de 1903), de leur retirer leur citoyenneté américaine et de punir l'expression de leurs idées (*Criminal Anarchy Law* de l'État de New York, au nom de laquelle Benjamin Gitlow sera condamné en 1919).

Face à cette répression, Goldman et les anarcho-syndicalistes de l'International Workers of the World (IWW)[12] adoptent une stratégie politique de confrontation avec les autorités et de remise en question politique et juridique de la répression dont ils sont victimes en s'alliant à des progressistes radicaux, avocats, médecins, qui défendent eux aussi une vision large de la liberté d'expression s'appliquant aux discours

12 - L'IWW est fondé en 1905 ; contrairement à l'American Federation of Labor (AFL), principale fédération syndicale de l'époque, il ne s'agit pas d'un syndicat de métier. Anarcho-syndicaliste, l'IWW veut fédérer toutes celles et tous ceux que l'AFL laisse de côté : les femmes, les Africains-Américains et les minorités en général, les travailleurs immigrés, les travailleurs non qualifiés et les chômeurs.

politiques comme au blasphème, à l'obscénité ou au scandale. En 1902 est créée la Free Speech League qui, comme l'ACLU plus tard, s'emploie à apporter une aide juridictionnelle aux libres penseurs et penseuses, anarchistes, partisans de l'amour libre, de la contraception et de l'avortement, qui sont mis en accusation par les tribunaux ou empêchés de diffuser leurs idées[13].

Bien que cela puisse sembler paradoxal de la part de militants qui sont hostiles à toute forme de gouvernement et de lois instituées, les anarchistes se saisissent du premier amendement pour faire valoir leur droit à la liberté d'expression ; ils cherchent à montrer que loin d'être des criminels, des fous dangereux, ce sont en réalité eux qui sont fidèles aux principes fondateurs des États-Unis et respectent la Constitution du pays. Dans plusieurs villes du pays, des militantes et militants prennent la parole dans des lieux publics pour faire des discours politiques et lire la Déclaration d'indépendance, démontrant ainsi lors de leur arrestation l'incongruité d'un pays qui punit celles et ceux qui déclament ses textes fondateurs.

> **Les anarchistes se saisissent du premier amendement pour faire valoir leur droit à la liberté d'expression.**

Emma Goldman est au cœur de cette bataille pour la liberté d'expression. Arrivée aux États-Unis depuis la ville de Kovno, dans l'Empire russe (actuelle Lituanie), à l'âge de 16 ans, elle devient anarchiste dans les années 1880. Arrêtée plus de quarante fois au cours de ses vingt-cinq ans de carrière comme oratrice et militante aux États-Unis, elle condamne le système capitaliste, le patriotisme, prône la révolution, défend l'émancipation des femmes et le droit à la contraception et s'oppose à la conscription pendant la Première Guerre mondiale, ce qui lui vaudra d'être arrêtée, condamnée et déportée vers l'Union soviétique en 1919. Goldman fait sienne la défense de la liberté d'expression ; si elle ne gagne aucun des recours qu'elle fait devant les tribunaux, ceux-ci estimant que le premier amendement ne s'applique pas dans le cas des propos qui appellent à renverser le gouvernement, ni pour les propos jugés obscènes, elle contribue à mettre le sujet en débat. C'est ainsi qu'elle

---

13 - Les anarchistes et celles et ceux qui défendent l'amour libre sont particulièrement la cible des « lois Comstock » (1873), qui interdisent l'envoi par la poste de tout document à caractère obscène. Celles-ci sont étendues en 1908 pour interdire également tout contenu promouvant la violence.

déclare à une journaliste en 1901 : « *Je parlerai à Philadelphie*[14] ! » Sa notoriété lui garantit une couverture médiatique partout où elle intervient ; son association avec des intellectuels de la classe moyenne lui permet de faire passer son message au-delà des cercles anarchistes ; sa référence au premier amendement lui attire la sympathie de militants qui, s'ils n'adhèrent pas aux propos des anarchistes, croient important que ceux-ci puissent les exprimer librement.

———

L'histoire de la défense de la liberté d'expression ne doit donc pas être réduite à des juges éclairés de la Cour suprême, sensibles aux évolutions de la société de leur temps, ni même uniquement à une organisation aussi importante que l'ACLU. Elle a émergé dans un contexte de répression des mouvements de gauche, lorsque des militants ont fait le choix de réagir à la répression dont ils étaient victimes en mettant les autorités face à leurs propres contradictions, celles d'un pays se voulant le havre de la liberté et qui pourtant empêchait certains de ses citoyens de lire à voix haute la Déclaration d'indépendance dans les rues. Leur défense de la liberté d'expression, qui a marqué l'histoire politique et constitutionnelle des États-Unis, servait leur stratégie politique ; étant mis au ban de la société états-unienne à cause de leurs idées[15], leur seule possibilité de s'y faire entendre était de prôner une liberté absolue pour quiconque de s'exprimer. Aujourd'hui, cependant, celle-ci n'est plus brandie en étendard par la gauche, et singulièrement par les étudiants qui se mobilisent sur les campus, conscients qu'elle a pu servir à la banalisation des discours de haine et à la marginalisation de certains groupes. Dans un contexte de diffusion des fausses informations et d'exacerbation de la polarisation politique, peut-être les États-Unis sont-ils en train de se rapprocher de conceptions plus « européennes » de la liberté d'expression[16].

14 - Cité dans Bill Lynskey, "'I shall speak in Philadelphia': Emma Goldman and the Free Speech League", *Pennsylvania Magazine of History and Biography*, vol. 133, n° 2, avril 2009, p. 167.
15 - Dont un certain nombre (le droit des femmes à disposer de leur corps, la promotion de l'amour libre, la dénonciation des inégalités et de l'accaparement des richesses, l'importance de l'entraide et du bien commun, la critique de l'industrialisation et de l'exploitation des ressources naturelles, l'opposition à la guerre) sont aujourd'hui intégrées dans le débat politique et social.
16 - Voir Nate Silver, "Free speech is in trouble" [en ligne], *Silver Bulletin*, 2 novembre 2023.

L'université américaine : la fin de la tour d'ivoire ?

Michael C. Behrent

L'université américaine a toujours été une institution composite. Bien entendu, son objectif historique a été l'éducation, à laquelle fut ajoutée, à la fin du XIXᵉ siècle, la recherche. Mais les universités américaines ont souvent pris également l'allure de colonies de vacances pour jeunes adultes. Le *college*, pour les Américains, désigne autant un stade de la vie qu'une qualification éducative. À cette dimension temporelle s'ajoute un volet spatial : l'université aux États-Unis est inséparable de la notion de « campus » (même si toutes n'en ont pas), ces endroits bucoliques parsemés de bâtiments d'un autre temps, souvent loin des grandes villes, qui, tout en ayant peu de liens avec la plupart des autres lieux où les Américains passent leur vie, sont considérés comme indispensables à la formation des jeunes. Certaines universités ont un caractère fortement identitaire : parce qu'elles sont liées à des Églises ou des courants religieux, à l'instar de Bob Jones University, une institution évangélique en Caroline du Sud ; ou à une ethnicité, comme Spelman College, à Atlanta, dédié à l'éducation de jeunes femmes noires. Sans oublier que pour beaucoup d'Américains, qui dit *college* dit avant tout sport : de nombreux étudiants financent leurs études grâce à des bourses liées à leur participation à une équipe sportive de haut niveau, qui contribue en retour à la « marque » de leur établissement. Le sport universitaire est aussi un *big business* : en 2021, les recettes de la National Collegiate Athletic Association (NCAA) s'élevaient à 1,16 milliard de dollars. L'université américaine est ainsi un lieu, une expérience et une idée qui diverge à bien des égards de ses équivalents européens.

En dépit de son caractère hétéroclite et de ses objectifs multiples, l'université est devenue une présence familière dans le paysage social américain. Tout en suscitant de temps à autre des controverses, elle a pu, au cours du xxᵉ siècle, s'assurer un degré non négligeable de respect social. Mais à l'heure actuelle, rien ne va plus. Depuis plusieurs années, l'université américaine subit une crise sans précédent. Cette crise est due à la fois à des tendances de fond, liées à l'évolution de l'économie et de la société, et au fait que, comme bien d'autres institutions, l'université est aujourd'hui traversée par les clivages politiques et culturels qui divisent le pays. L'issue de cette crise est incertaine. Mais elle risque fort de miner le respect et la confiance dont l'université américaine a longtemps bénéficié, ainsi que son rayonnement mondial.

L'éducation d'une élite

L'université américaine – avec toutes ses excentricités – est le fruit d'une histoire particulière. Les premiers établissements d'enseignement supérieur naissent pendant la période coloniale. Ils ne sont pas, à proprement parler, des universités, mais des *colleges*, offrant quatre années d'éducation classique et d'instruction religieuse, généralement protestante et souvent calviniste. Harvard College, fondé en 1636, enseigne le puritanisme ; le College of William and Mary, fondé en 1693, est anglican ; tandis que le College of New Jersey (plus tard Princeton), fondé en 1746, devient la principale institution du Nouveau Monde pour la formation des pasteurs presbytériens.

La qualité de ces premières institutions fut souvent médiocre, et leur empreinte culturelle assez limitée, étant surtout associées aux élites du Nord-Ouest. Toutefois, l'enseignement supérieur américain connut une phase d'expansion majeure après la guerre de Sécession. Le Morrill Act de 1862 organisa la création d'institutions vouées à l'agriculture et aux arts mécaniques par un système de financement inédit : le système des *land grants*, soit de vastes territoires de l'Ouest mis à la disposition des États et dont la vente assura les revenus nécessaires pour fonder un nouveau type de *college*. Ces institutions avec les suffixes A&M – pour

Agricultural and Mechanical – offrent un enseignement pratique pour une économie de plus en plus industrialisée, en rupture avec l'enseignement des humanités et l'instruction religieuse. Ainsi Virginia A&M (plus tard Virginia Tech) est fondée en 1872, Texas A&M en 1876.

Vers la même époque apparaissent aussi les premières universités de recherche (qui insistent sur le fait qu'elles sont des *universities* et pas des *colleges*), modelées sur l'exemple allemand : Johns Hopkins University, fondée en 1876, est la première institution de ce type. En même temps, le diplôme de PhD ou *doctorate* – lui aussi inspiré par le système allemand – commence à être requis pour accéder à la carrière de professeur, le premier PhD états-unien n'étant accordé qu'en 1861, par Yale College.

Formée par ces évolutions, l'université américaine connaît une sorte d'âge d'or au milieu du XXᵉ siècle, surtout après la Seconde Guerre mondiale. Grâce à la croissance économique, de plus en plus d'Américains font des études universitaires. Alors qu'en 1940, seuls 5,5 % des Américains et 3,8 % des Américaines disposent d'un diplôme universitaire, ces taux, en 1973, s'élèvent respectivement à 16 % et 9,6 %[1]. Pendant cette période, le gouvernement fédéral investit massivement dans l'enseignement supérieur : pour assurer la réinsertion des anciens combattants (avec le Servicemen's Readjustment Act of 1944, souvent surnommé le *« GI Bill »*) ; pour développer la défense nationale en pleine guerre froide (avec le National Defense Education Act of 1958) ; et pour faciliter la mobilité sociale comme objectif fondamental de l'État-providence (avec le Higher Education Act of 1965). En signant cette loi, le président Lyndon Johnson résume la vision de société qui sous-tend alors la conception de l'enseignement supérieur : grâce à cette loi, tout élève finissant ses études secondaires *« peut soumettre une candidature à […] une université dans un des 50 États et ne pas être refusé parce que sa famille est pauvre »*. En même temps, Johnson reconnaît que la loi répond à un intérêt national alors que l'économie se modernise et que la guerre froide perdure[2].

Au même moment, le corps professoral achève de se professionnaliser. Cela se manifeste notamment par la généralisation d'un statut spécifique,

---

1 - "Percentage of the U.S. population who have completed four years of college or more from 1940 to 2019, by gender" [en ligne], *Statista*, 20 janvier 2021.
2 - Lyndon Johnson, "Remarks at Southwest Texas State College upon signing the Higher Education Act of 1965" [en ligne], *The American Presidency Project*, novembre 1965.

le *tenure*, qui garantit aux enseignants, après une période d'essai au cours de laquelle certains objectifs doivent être atteints, notamment en matière de publication, un emploi à vie (ou presque). En 1969, seuls 3 % des enseignants à plein temps ne bénéficient pas de ces contrats de titulaires[3]. La demande d'un professorat qualifié contraint aussi les administrations universitaires à reconnaître le principe du *shared governance* (gouvernance partagée) qui entérine l'idée que les enseignants, du fait de leurs qualifications, doivent participer à la direction de l'université, notamment dans les domaines de l'enseignement et de la recherche.

Les campus et les modes de vies qu'ils véhiculent deviennent un élément familier dans le paysage social (même si les diplômés restent fortement minoritaires), comme en témoigne une vague de films dédiés à la culture des *colleges* et de leurs communautés : *Docteur Jerry et Mister Love* (1963), *Qui a peur de Virginia Woolf ?* (1966), *Le Lauréat* (1967), *Love Story* (1970). Si le militantisme étudiant des années 1960 bouleverse l'institution universitaire, il confirme aussi son importance sociale.

Un modèle en crise

Cet âge d'or fut d'assez courte durée. Depuis cinquante ans, l'université traverse une série de crises qui aboutit au démantèlement du modèle de l'après-guerre. Cette crise est, en premier lieu, financière. La crise économique des années 1970, la crise de 2008 et la Covid ont contraint les universités à réduire leurs budgets et à adopter des techniques de management néolibéral. Certaines petites universités privées ont dû fermer ou sont menacées de fermeture, tandis que de nombreux établissements publics ont vu les budgets qui leur sont accordés par les législatures d'États dramatiquement réduits. En 2015, le financement public des universités, rapporté au nombre d'étudiants à temps plein, avait baissé de 30 % par rapport à 2000[4]. Pour s'adapter à ces contraintes, beaucoup d'universités limitent désormais les contrats de titulaires – qui représentent potentiellement un engagement sur plusieurs décennies –, leur

3 - Larry G. Gerber, *The Rise and Decline of Faculty Governance: Professionalization and the Modern American University*, Baltimore, Johns Hopkins University Press, 2014.
4 - American Academy of Arts & Sciences, *Public Research Universities: Changes in State Funding*, Cambridge, MA, American Academy of Arts & Sciences, 2015.

préférant des contractuels embauchés à l'année, au semestre ou même pour un cours. Ainsi la profession d'enseignant est désormais hantée par la précarité. Selon l'American Association of University Professors (la principale organisation professionnelle des enseignants), en 2019, seuls 37 % des postes universitaires étaient *tenured* ou éligibles pour le *tenure*, tandis que plus de 60 % étaient placés sous le régime de la précarité, avec la médiocre rémunération qui en est la contrepartie[5]. Nombre de doctorants, surtout dans les sciences humaines, sont quasi certains aujourd'hui de ne pas obtenir de poste permanent.

Dans le même temps, le coût d'une formation universitaire ne cesse d'augmenter. Même les universités publiques – souvent les plus abordables – ont vu leurs frais de scolarité augmenter, depuis vingt ans, de 53 % (rapporté à l'inflation)[6]. Cela explique que le taux d'endettement étudiant s'élève actuellement à la somme sidérante de 1 600 milliards de dollars[7]. Enfin, pour attirer des étudiants, gérer la vie estudiantine, répondre aux exigences légales de plus en plus complexes et développer toutes sortes de politiques de « meilleures pratiques » et autres « plans stratégiques », les campus sont affligés par une forme d'hypertrophie administrative. Un économiste à Pomona College a récemment constaté, dans une tribune, qu'alors qu'en 1990 son institution comptait 1 487 étudiants, 180 professeurs et 56 postes administratifs, ces chiffres, en 2022, étaient de 1 740 étudiants (une hausse de 17 %), 175 professeurs (une baisse de 5 postes) et pas moins de 310 postes d'administration – soit une expansion du personnel administratif de 7,93 % par an. Sa *« modeste proposition »* (en référence au texte ironique de Jonathan Swift) pour consolider les finances universitaires ? Se débarrasser des étudiants et des enseignants, tout simplement[8]…

Ainsi l'université américaine, à l'heure actuelle, rassemble un professorat précarisé, des étudiants endettés et sous pression financière, et une administration complexe – soit une culture bien différente de celle qui

5 - Hans-Joerg Tiede, "The 2022 AAUP Survey of Tenure Practices" [en ligne], *American Association of University Professors*, mai 2022.

6 - Emma Kerr et Sarah Wood, "A look at 20 years of tuition costs at national universities", *US News & World Report*, 22 septembre 2023.

7 - "Is rising student debt harming the U.S. economy?" [en ligne], *Council on Foreign Relations*, 16 avril 2024.

8 - Gary Smith, "How to fix college finances? Eliminate faculty, then students", *Washington Post*, 23 avril 2024.

fut la norme au début des années 1960. Mais si l'université est de plus en plus fragilisée sur le plan interne, elle fait face aussi à de nombreux défis sur le plan externe. Depuis plusieurs années, l'enseignement supérieur est devenu l'un des principaux enjeux des guerres culturelles et de la polarisation politique. De manière concomitante, alors qu'elle comptait parmi les institutions qui bénéficiaient généralement d'un large respect dans l'opinion publique, l'université subit une chute précipitée de popularité. Selon un sondage Gallup, alors que 57 % des Américains avaient confiance dans l'université en 2015 et 48 % en 2018, ils n'étaient plus que 36 % en 2023[9]. Comment expliquer cet effondrement ?

Un enjeu politique ?

Premièrement, l'université est perçue comme un bastion progressiste. Certaines statistiques donnent raison à cette perception. Selon une étude du Higher Education Research Institute faite en 2016-2017, alors que 48,3 % du professorat se considérait *liberal* (au sens américain du terme) et 11,6 % d'extrême gauche, 11,7 % seulement se déclaraient conservateurs. En 1989-1990, en revanche, les enseignants n'étaient que 36,3 % à s'identifier comme *liberal*[10]. Une tendance similaire est également notable chez les étudiants. Selon une étude conduite en 2020 dans 55 campus par la Foundation for Individual Rights and Expression, la préférence politique dominante dans 44 campus était *liberal*, dont 35 campus où ce taux dépassait les 50 %. Les étudiants conservateurs étaient nettement minoritaires[11]. Dans les prestigieuses universités privées, le rapport est encore plus favorable aux « libéraux » et « progressistes » : à Harvard, 80 % du professorat se déclarait « libéral » ou « très libéral »[12]. Ainsi, un certain progressisme culturel est surreprésenté sur les campus, entraînant un décalage par rapport au reste de la société.

9 - Megan Brenan, "Americans' confidence in higher education down sharply" [en ligne], *Gallup*, 11 juillet 2023.
10 - Ellen Bara Stolzenberg *et al.*, *Undergraduate Teaching Faculty: The HERI Faculty Survey 2016-2017*, Los Angeles, Higher Education Research Institute, UCLA, 2019.
11 - Foundation for Individual Rights and Expression, "2020 College free speech rankings" [en ligne], *FIRE*, 2020.
12 - Meimei Xu, "More than 80 percent of surveyed Harvard Faculty identify as liberal", *The Harvard Crimson*, 13 juillet 2022.

Deuxièmement, du fait de son orientation à gauche, l'enseignement supérieur est de plus en plus associé à l'intolérance idéologique. Pendant la présidence de Donald Trump et notamment lors des manifestations qui suivirent la mort de George Floyd, certains militants étudiants s'insurgent contre la présence de personnalités de droite (souvent perçues comme racistes) sur leurs campus : des conférenciers conservateurs sont empêchés de prendre la parole ou voient leurs invitations annulées. Les médias de droite s'insurgent contre la *cancel culture* (culture de l'annulation) régnant sur les campus. Des élus républicains – tels Donald Trump et Ron DeSantis – se plaignent que l'université ne servirait plus à enseigner, mais serait devenue un instrument d'« *endoctrinement de la gauche radicale* ». Plutôt qu'une institution respectée pour la qualité de son enseignement et de sa recherche, l'université est vue comme l'un des fronts sur lesquels se joue une vaste guerre culturelle.

> **L'université est vue comme l'un des fronts sur lesquels se joue une vaste guerre culturelle.**

Si l'université semble de plus en plus politisée, on assiste en même temps – troisième point – à un phénomène symétrique : le discours universitaire infiltre de plus en plus le discours politique, notamment chez les Démocrates. Dans les dernières décennies, le Parti démocrate était relativement imperméable aux modes universitaires. Depuis l'ère de Trump, ce n'est plus le cas. Les concepts d'« intersectionnalité », de « privilège blanc », de « racisme systémique », qui ont vu le jour dans les départements universitaires, sont régulièrement utilisés par les militants démocrates et même par des élus et des candidats. Ces derniers utilisent aussi des expressions comme « Latinax » – une manière de se référer aux Hispaniques en restant neutre sur le plan du genre. L'influence de ce discours universitaire sur le Parti démocrate a encouragé les conservateurs à l'attaquer à ses sources, notamment quand ils ont dénoncé la théorie critique de la race *(critical race theory)*, initialement apparue dans des facultés de droit progressistes, et ont fait adopter une série de lois pour interdire son enseignement dans les États qu'ils contrôlent. Ainsi, les cadres conceptuels développés à l'université sont eux aussi considérés comme le prolongement du combat politique par d'autres moyens.

Enfin, l'expérience universitaire se situe au cœur des clivages politiques dans la mesure où le fait même d'avoir fait des études supérieures (ou pas) et d'avoir obtenu un diplôme (ou pas) est devenu l'un des principaux marqueurs de l'appartenance politique. Lors des élections de mi-mandat de 2022, les Démocrates ont remporté les suffrages de l'électorat blanc diplômé (50 % contre 47 %), alors que les Républicains remportaient très largement ceux de l'électorat blanc non diplômé (66 % contre 43 %)[13]. Selon un sondage Reuters, Joe Biden récolte le soutien de seulement 32 % des électeurs non diplômés, contre 42 % au même stade de la campagne de 2020, alors que le soutien pour Trump auprès de ce même électorat est en légère hausse (de 42 à 44 %). Le soutien pour Trump chez ces électeurs est l'une des raisons de son succès auprès des Noirs et des Hispaniques. Le fait d'être ou non diplômé a également une importante corrélation avec le revenu : ainsi, selon le même sondage, les électeurs qui gagnent moins de 50 000 dollars par an préfèrent Trump à Biden (40 % contre 33 %), alors que ceux qui gagnent plus de 100 000 dollars optent pour Biden (43 % contre 38 %)[14]. Plutôt qu'un moyen d'accéder à la classe moyenne, l'université est de plus en plus vue comme la porte d'entrée dans une classe à part : celle de l'élite progressiste, qui est aussi culturelle qu'économique.

Pour parler des universitaires, les Américains utilisent souvent le terme de « tour d'ivoire », qui évoque la curieuse façon dont les campus, la vie intellectuelle et la jeunesse peuvent sembler séparés du reste de la société. Mais à l'heure actuelle, l'université américaine semble plutôt débordée par la société qui l'entoure – par les impératifs économiques, les attentes des étudiants, les clivages culturels et les conflits politiques. Dans tous les cas, l'université traverse une crise qui risque de la transformer profondément. À quoi s'ajoutent les défis technologiques – les conséquences de l'intelligence artificielle, l'apprentissage à distance et les exigences d'une nouvelle guerre froide. À la sortie de la Seconde Guerre mondiale, l'université s'est pensée elle-même comme un vecteur d'ascension sociale et un rouage central du rêve américain. Reste à savoir si l'université qui s'annonce aura les mêmes ambitions.

13 - "2022 exit polls" [en ligne], *CNN*.
14 - Jason Lange et James Oliphant, "Biden's big weakness vs Trump: Voters without college degrees" [en ligne], *Reuters*, 1ᵉʳ juin 2024.

Identifiez-vous !

Lettre de Yale

Emmanuel Alloa

Lorsque Tocqueville revient de son long voyage aux États-Unis, qui donnera lieu à *De la démocratie en Amérique*, il a ces mots : « *J'avoue que dans l'Amérique, j'ai vu plus que l'Amérique : j'y ai cherché une image de la démocratie elle-même, de ses penchants, de son caractère, de ses préjugés, de ses passions, j'ai voulu la connaître, ne fût-ce que pour savoir du moins ce que nous devions espérer ou craindre d'elle[1].* » Presque deux siècles plus tard, on aimerait savoir ce que l'on est en droit d'espérer – ou de craindre. De la démocratie. De l'Amérique. De ce qui résiste de l'une dans l'autre. Ou du fait que l'Amérique, comme un aimant au milieu de la limaille de fer, révèle un champ de forces qui polarisent de plus en plus de sociétés considérées comme démocratiques.

C'est parfois dans le pli des choses futiles et journalières que se logent les révélations les plus durables. En arrivant à l'université Yale, où j'ai eu le privilège d'enseigner en 2023, je me suis heurté à une question, toujours la même : « Avez-vous déjà votre *ID* ? » La première fois, et face à ce qui fut sans doute ma mine perplexe, mes interlocuteurs ont pris soin de préciser que l'*ID*, c'est la carte d'identité, magique et magnétique sésame sans lequel toutes les portes resteraient résolument closes. « Vous devez vous identifier », m'expliquait-on, pour avoir accès aux bâtiments, aux services informatiques et même au bureau qui délivrera enfin, plusieurs jours plus tard, le précieux badge sans lequel je n'étais rien. Avec son ironie habituelle, un collègue me lança : « Tu as ton *ID* ? Félicitations, tu deviens enfin un être humain. » À l'intérieur de l'université semblait se rejouer – cette fois pour bien démarquer l'espace du campus du reste de la ville de New Haven aux multiples frictions – le sinistre rituel accueillant les primo-arrivants aux bordures du pays. Jadis à Ellis Island, aujourd'hui à El Paso.

---

1 - Alexis de Tocqueville, « Introduction », dans *De la démocratie en Amérique*, vol. I [1835], éd. Eduardo Nolla, Paris, Vrin, 1990, p. 14-15.

En ce qui me concerne, chacun de mes séjours américains prolongés fut celui d'un privilégié, voyageant avec un visa de travail qui prémunit contre de telles vexations. À chaque fois, ce bout de papier timbré m'ouvrait les portes, d'abord à l'immigration puis dans les campus respectifs de la côte ouest ou est des États-Unis, dont les conditions d'enseignement et de recherche sont – il faut le reconnaître – exceptionnelles. Le cérémonial de l'identification, celui qui donne accès d'abord au pays tout entier puis à ses bulles académiques, je commençais à y être rompu, pensais-je. C'était sans compter sur le fait que l'injonction « identifiez-vous ! » avait pris entretemps une tournure nouvelle. Il y avait certes l'identité biométrique que toute personne doit décliner, en arrivant sur le territoire, avec ces catégories ethno-raciales si dérangeantes lorsque l'on arrive d'Europe continentale. Et ce séjour fut l'occasion de découvrir notamment que si l'Afro-Américain, le Latino ou bien l'Asiatique-Américain sont des catégories établies, il manque la case de l'Arabe-Américain (le comique d'origine palestinienne Mohammed Amer en fournit une démonstration décapante). Mais l'injonction « identifiez-vous » va bien au-delà : s'identifier, c'est dire « oui », choisir son camp.

Politique de l'appartenance

Le nouveau maître mot est celui de l'appartenance *(belonging)*, dont les grandes universités de l'Ivy League on fait ces dernières années un élément de langage décisif dans leur communication. La volonté louable de se montrer plus inclusifs, avec une administration qui souhaite enfin prendre plus en compte la réalité stratifiée du pays, produit des effets bureaucratiques auxquels un enseignant venant d'Europe n'est pas nécessairement préparé : avant de pouvoir commencer, il faut valider un paquet de plusieurs heures de formation contre toute forme de harcèlement (moral, sexuel, ethno-racial, religieux, etc.) et soumettre par écrit une déclaration où l'enseignant développe les mesures à mettre en œuvre dans ses séminaires contre toute forme de discrimination. Ce n'est peut-être qu'un mal nécessaire, me disais-je, avant d'assister au moment où cette politique de l'appartenance allait devenir pour les universités de l'Ivy League une véritable chausse-trappe.

Au sein du parti républicain, après les massacres du 7 octobre 2023, les forces acquises au programme MAGA *(Make America Great Again)* ont flairé l'opportunité pour asséner un grand coup : la convocation devant le Congrès des présidentes de Harvard, Pennsylvanie et du Massachusetts Institute of Technology – et, plus tard, de la présidente de Columbia – fut un piège tendu que celles-ci n'ont pas su déjouer. Croyant encore devoir défendre la liberté d'expression, celle que sanctuarise justement le premier amendement de la Constitution américaine et que les conservateurs mobilisaient régulièrement pour incriminer les universités de ne pas leur offrir la tribune qu'ils réclament, les présidentes – et le bureau d'avocat qui avait assuré leur préparation – ont au contraire été prises de court sur le versant opposé, celui qui tient à la défense des identités. Les forces MAGA, peu connues jusque-là pour leur lutte contre l'antisémitisme – Donald Trump a régulièrement légitimé les suprémacistes chrétiens mettant en cause la réalité de la Shoah –, ont trouvé dans l'argument de l'antisémitisme sur les campus américains un puissant mobile pour obtenir l'éviction progressive de plusieurs présidences et conseils d'administration (le cas de l'université de Floride étant le cas le plus flagrant). S'ajoutent à cela les menaces des divers grands mécènes, affirmant ne plus pouvoir s'« identifier » avec ces universités qu'ils avaient jusque-là financées avec largesse. À la menace de « désidentification » répond une surenchère de l'« hyper-identification » : les directions d'universités affirment apporter leur soutien indéfectible aux communautés endeuillées et le font à grand renfort de gestes démonstratifs, comme pour échapper au piège rhétorique qui s'est fermé sur elles depuis les auditions au Congrès.

Doxxing : *les nouveaux murs de la honte*

Les images des policiers antiémeutes investissant le campus de Columbia occupé par les manifestants ont fait le tour du monde et suscité d'innombrables réactions. On a beaucoup moins évoqué un autre phénomène, pourtant lié. Quelques semaines après les atrocités commises par le Hamas, un camion publicitaire a commencé à sillonner le campus de Yale. Sur ses côtés, un message annonce en titre *« les antisémites en chefs de Yale »*, suivi d'une demi-douzaine de photographies et de noms. Il s'agissait d'étudiantes et d'étudiants, majoritairement non blancs par ailleurs, membres d'une association étudiante demandant à l'université de clarifier ses liens économiques avec Israël et ses intérêts financiers dans des entreprises profitant de l'occupation en Cisjordanie. Des camions semblables ont circulé aux abords d'autres campus de l'Ivy League, en octobre et novembre 2023, dont Harvard et Columbia, avant que les services de sécurité dans les campus respectifs ne les interdisent. À l'initiative de ces camions, qui n'hésitaient pas à employer la typographie des journaux officiels des universités respectives, on trouve un groupuscule ultraconservateur. Sous l'étiquette nébuleuse *Accuracy in Media* (AIM), celui-ci s'était formé en 1969 déjà pour influencer l'opinion publique en faveur d'un vaste soutien à la guerre au Vietnam.

Cette stratégie des listes noires a un nom : on parle de *doxxing*. Il s'agit de repérer l'ennemi et de révéler au grand public les informations permettant de l'identifier. À Yale et dans les autres campus, la campagne de *doxxing* physique, avec les camions, était accompagnée d'une campagne numérique sur les réseaux sociaux. Dans leurs prises de parole officielles, les organisateurs de la double campagne ont affirmé vouloir garantir qu'aucun de ces étudiantes et étudiants ayant signé ces lettres ne puisse à l'avenir trouver un emploi aux États-Unis. On tient là l'un des effets les plus palpables de la nouvelle « société de la transparence » : avec l'exorbitante puissance de calcul et de corrélation, couplée à une hypermnésie des réseaux, toute prise de parole, toute expression, toute manifestation de soutien pourra être retenue contre un jeune adulte et hypothéquera potentiellement jusqu'à la fin de ses jours ses options professionnelles.

> **Toute prise de parole, toute expression, toute manifestation de soutien pourra être retenue contre un jeune adulte et hypothéquera ses options professionnelles.**

Issu de la contre-culture numérique et du monde des programmateurs, le *doxxing* était initialement employé pour révéler l'adresse IP d'un concurrent malveillant. Il avait ensuite été adapté par les « hacktivistes » et autres lanceurs d'alerte, publiant sciemment en ligne des documents (d'où le nom de *doxxing*) permettant de recouper les informations sur quelqu'un, comme son nom véritable, son numéro de téléphone ou son adresse. Ainsi, à Hong Kong, les activistes prodémocratie ont pu utiliser le *doxxing* pour identifier les policiers s'étant livré à la répression. Après la reprise en main brutale par les autorités, la tendance s'est inversée, et ce sont désormais les manifestants et les journalistes prodémocratie qui se retrouvent exposés à grand bruit. Bien que Hong Kong ait adopté en 2021 une loi anti-*doxxing*, le site prochinois hébergé en Russie HKLeaks a pu se maintenir, où une banque de donnée contient des milliers de photographies de cartes d'identité et d'adresses électroniques physiques d'opposants. Des techniques tout à fait semblables sont utilisées aujourd'hui en Iran par les milices numériques des Gardiens de la révolution afin d'identifier et de traquer toute voix dissidente.

L'injonction à l'identification prend aujourd'hui des formes multiples. Il y a bien sûr sa version ouvertement répressive, contre laquelle les démocraties non encore « illibérales » se sentent immunisées. Mais celles qui s'élaborent actuellement aux États-Unis n'en sont pas moins inquiétantes. Fin mai, après la conclusion du procès pénal du tribunal de New York de Donald Trump, sa base galvanisée annonçait vouloir divulguer les noms et les adresses des membres du jury l'ayant déclaré coupable pour les livrer à la vindicte populaire. S'ils ont osé prendre cette décision – voici le raisonnement –, de quel droit devraient-ils être protégés par l'anonymat ? Quant à la campagne des camions de *doxxing*, ses initiateurs déclarent que leur rôle se cantonne à informer le public sur des agissements opaques au sein d'une université comme Yale dont la devise est pourtant *lux et veritas*, « lumière et vérité ».

L'argument est imparable : pourquoi vouloir occulter le fait d'avoir signé une pétition, si ce n'est parce que cette pétition est en elle-même crapuleuse et suppose la clandestinité ? Comment ne pas se souvenir des propos tenus par celui qui était à l'époque le président-directeur général de Google, Eric Schmidt, à l'occasion d'une interview sur la chaîne de télévision CNBC : *« Si vous faites quelque chose et que vous voulez que personne ne le sache, peut-être devriez-vous commencer par ne pas le faire. »* Une fois de plus, on retrouve l'argument auto-moralisateur de la transparence : s'identifier, c'est choisir sa place, se donner à voir et donc s'exposer au jugement des autres. En se sachant observé, on corrigera automatiquement ses actions. *« Plus notre surveillance sera stricte »*, écrivait à la fin du XVIIIe siècle Jeremy Bentham, l'un des pères de l'utilitarisme et inventeur du fameux

Panoptique, « et mieux nous nous comporterons[2] ». Confrontées au soupçon de revendre des données personnelles au plus offrant, les entreprises de la Silicon Valley ne manquent pas de dérouler ce raisonnement : à quoi bon vouloir défendre votre vie privée, si vous n'avez rien à cacher ?

Exposer et punir

L'injonction à l'identification et à l'exposition ne s'arrête pas là. « Identifiez-vous » s'applique non seulement à la prévention de comportements considérés comme néfastes, mais concerne aussi après-coup leur sanction. De plus en plus souvent, la justice américaine a recours à des peines alternatives, associées à des « punitions créatives » et impliquant l'exposition forcée. Quand les délits sont considérés comme mineurs, et accessoirement pour désengorger les prisons, les prévenus se voient proposer une réduction de peine, à condition de se promener en public avec des affiches détaillant leurs méfaits. Les condamnés sont sommés de s'identifier et d'indiquer ce qu'ils ont commis, comme cet homme et cette femme de Houston au Texas qui, pendant six ans et à hauteur de cinq heures par jour, devaient se placer à une intersection routière fréquentée de la ville et tenir une pancarte indiquant : *« Je suis un voleur. J'ai volé 250 000 dollars. »* L'objectif affiché est de créer auprès des individus concernés un effet traumatisant qui doit les dissuader de toute récidive.

Incontestablement, cette « justice créative » s'inscrit dans le renouveau du néopuritanisme, hérité en droite ligne des communautés protestantes du XVIIᵉ siècle qui, avec le pilori, visaient à corriger un fautif en le livrant à l'opprobre général. En 1850, l'écrivain Nathaniel Hawthorne avait placé ce mécanisme au centre de son roman *La Lettre écarlate*, dont la protagoniste se voit condamnée à porter sur sa poitrine la lettre « A » pour « adultère » : *« il n'y a pas d'outrage qui aille plus à l'encontre de notre commune nature que celui qui interdit au coupable de cacher son visage sous le coup de la honte[3] »*, lit-on chez Hawthorne. Aujourd'hui, le châtiment par

2 - Jeremy Bentham, *The Collected Works: Writings on the Poor Laws*, vol. 1, éd. Michael Quinn, Oxford, Oxford University Press, 2001, p. 277 [nous traduisons].
3 - Nathaniel Hawthorne, *La Lettre écarlate* [1850], trad. Marie Canavaggia, Paris, Flammarion, 1982, p. 103.

l'exposition réactive le sceau d'infamie moyenâgeux, tout en adoptant les oripeaux d'une punition se voulant plus « humaine ». Dans l'espace numérique, il y aura les pratiques du *name and shame*, autrement dit le fait de nommer et de couvrir de honte, mais toujours dans l'espoir que les coupables finissent par s'identifier et reconnaître par eux-mêmes leurs méfaits.

———

« Identifiez-vous! » – cet impératif s'est étoffé au fil du temps, pour venir nommer des facettes différentes et parfois divergentes de cette démocratie en Amérique jadis décrite par Tocqueville. À n'en pas douter, elle constitue un laboratoire de normes sociales qui, pas à pas, s'installent également de notre côté de l'Atlantique. L'entrée sur le territoire, l'accès aux services, mais aussi le fait de prendre parti, d'afficher son adhésion ou de commenter, bref, tous les visages d'un expressivisme ininterrompu. La contrainte qui consiste à choisir son camp, surtout vis-à-vis des formes de violence diverses et incommensurables qui se sont déchaînées depuis le 7 octobre 2023, rend plus ardu que jamais tout exercice de nuance. La pression pour se ranger d'un côté, s'identifier à une position ou à une cause unique, s'apparente par moments à un confessionnal public. Or nous le savons bien : chaque profession de foi a quelque chose de zélé. Difficile de distinguer ce qui relève d'une expression qui se voudrait authentique d'un banal opportunisme de circonstance. Mais peut-être faut-il admettre qu'il y a dans cette injonction à s'identifier, dans cette injonction à s'exposer, *en tant qu'identité* et *dans une position identifiable*, non seulement une contrainte imposée, mais un désir inavouable. La société de l'exposition, Bernard Harcourt l'a rappelé, est aussi une société de l'exposition volontaire[4].

En visiteur occasionnel, je manque sûrement des outils nécessaires pour comprendre tous les ressorts d'un pays au si singulier destin, né bien avant la Révolution française d'une véritable volonté démocratique. Ce qui m'a cependant toujours convaincu chez Tocqueville est le fait que le regard sur l'Amérique ne saurait être qu'un regard en miroir, d'un genre

---

4 - Bernard E. Harcourt, *La Société d'exposition. Désir et désobéissance à l'ère numérique*, trad. Sophie Renaut, Paris, Seuil, coll. « La couleur des idées », 2020.

qui nous renseigne surtout sur le type de société qui est la nôtre (ou celle qui nous attend). Outre l'extraordinaire aventure intellectuelle et humaine que fut cette expérience d'enseignement à Yale, elle fit également l'effet d'un bain révélateur, laissant apparaître dans une lumière crue cette réalité qui est désormais celle de toutes les sociétés en réseau. En ce sens, les États-Unis nous mettent face à ce constat : la perplexité ou le doute ne sont plus dans les bonnes grâces, il faut confesser son adhésion – et si possible sur-le-champ. Le véritable délit d'opinion, désormais, sera de ne pas en avoir. On comprend dès lors pourquoi la logique identitaire, celles des politiques du même nom, s'amorce bien avant, dans des sollicitations banales que l'on continue peut-être à tort de sous-estimer.

Nouvelles fractures

L'Amérique divisée

Vers une démocratie coopérative ?

Entretien avec Bernard E. Harcourt

*B*ernard E. Harcourt est chercheur et enseignant de philosophie politique et de droit à Columbia University, directeur d'études à l'École des hautes études en sciences sociales et avocat, engagé notamment dans la défense des condamnés à mort. Il est l'auteur, entre autres, de La Société d'exposition. Désir et déso-béissance à l'ère numérique *(Seuil, 2020) et, tout récemment, de* Cooperation: A Political, Economic, and Social Theory *(Columbia University Press, 2023). Nous l'avons interrogé sur les questions politiques qui divisent aujourd'hui la société américaine, en particulier la jeunesse.*

L'université Columbia, à New York, a été décrite comme l'épicentre de la mobilisation étudiante contre la guerre à Gaza. Quel regard portez-vous sur ce mouvement ?

La jeunesse actuelle dit haut et fort ce que les adultes évitent de regarder en face : je pense à Greta Thunberg et aux manifestations pour le climat, aux lycéens de Floride qui ont manifesté pour plus de fermeté dans la législation concernant le port des armes, aux jeunes abolitionnistes du mouvement Black Lives Matter contre la brutalité policière et le racisme systémique de l'administration pénitentiaire et, finalement, aux étudiants aujourd'hui qui sont les seuls à se prononcer massivement contre la guerre à Gaza. Ces mobilisations témoignent d'une continuité des luttes, mais aussi et surtout d'esprits qui n'ont pas encore subi la répression ou intériorisé le contrôle social. Ces jeunes ne sont pas encore pris dans la peur de perdre leur emploi, par exemple, même si la pratique croissante du *doxxing*, qui consiste à entacher la réputation d'une personne sur les réseaux sociaux, exerce parfois une pression sur leurs perspectives professionnelles. Ce qu'ils expriment en premier lieu, c'est l'aspiration à une société plus juste.

Il faut comprendre que la mobilisation à Columbia est née spontanément au lendemain du déclenchement de la guerre en octobre 2023. Mais, en novembre, deux associations d'étudiants, *Jewish Voice for Peace* (« Voix juive pour la paix ») et *Students for Justice in Palestine* (« Étudiants pour la justice en Palestine »), ont été suspendues par l'administration pour des manifestations dites non autorisées, après d'importantes modifications du règlement concernant les réunions étudiantes. Quasi instantanément, quatre-vingts autres associations d'étudiants se sont réunies pour former une coalition sur la question de la guerre à Gaza : le mouvement a donc été produit par la répression administrative.

Depuis plusieurs années, les Républicains dénoncent l'activisme des campus et se fixent pour objectif de décapiter les institutions d'enseignement supérieur. Décriées pour leur « élitisme », celles-ci sont en réalité visées parce que les personnes diplômées votent massivement pour le Parti démocrate. Cela joue sur la chronologie des événements à Columbia : la présidente de l'université, Minouche Shafik, a été convoquée devant un comité majoritairement républicain à la Chambre des représentants le 17 avril 2024. Le soir même, elle demande l'intervention de la police de New York pour disperser les manifestants – ce qui n'était pas arrivé depuis les manifestations contre la guerre du Vietnam en 1968. L'administration Biden soutient l'intervention policière. Le 24 avril, l'élu Mike Johnson, chef des Républicains à la Chambre et *Speaker of the House*, est autorisé à se rendre sur le campus, bien que celui-ci soit fermé et inaccessible, pour se prononcer contre la mobilisation en cours, intimant à la présidente de *« ramener immédiatement l'ordre dans ce chaos »*.

Ces stratégies politiques sont au cœur de la controverse sur les campus. Le suffrage des étudiants se porterait en temps normal sur Joe Biden, mais le soutien inconditionnel que son administration a accordé au gouvernement de Benjamin Netanyahou a créé un fort ressentiment dans la jeunesse et a même valu au président le surnom de *Genocide Joe*. Or le vote des jeunes est décisif aux États-Unis : si la vague « rouge » (républicaine) attendue aux élections de mi-mandat en 2022 n'a pas eu lieu, c'est précisément en raison de la mobilisation électorale de la génération Z, à la suite de la décision très impopulaire de la Cour suprême de restreindre le droit à l'avortement. Les Républicains l'ont bien compris : ils utilisent et accentuent le clivage sur les campus pour neutraliser le vote des jeunes et gagner dans les urnes en novembre 2024.

Ces controverses ne tiennent-elles pas également au statut privé de ces universités, auxquelles les étudiants demandent d'être plus transparentes sur leurs investissements et de rompre toute relation financière avec l'État d'Israël ou des entreprises liées à la coopération militaire entre les États-Unis et Israël ?

En effet, l'ampleur des financements privés est essentielle pour comprendre la situation, en particulier pour une université comme Columbia, dont le fonds de dotation universitaire *(endowment)* s'élève à près de 14 milliards de dollars. De fait, Columbia est le plus grand propriétaire de la ville de New York, avec un parc immobilier équivalent à un arrondissement parisien. Ce sont les donateurs et les mandataires *(trustees)* qui ont fait pression sur l'administration pour réprimer le mouvement des étudiants.

Il existait précédemment des mouvements pour l'égalité entre citoyens juifs et arabes en Israël, comme *Boycott, Divestment, Sanctions* (BDS), qui exigeaient de l'université qu'elle se « désinvestisse » de certaines relations financières. Cette stratégie date des années 1980 et des manifestations contre l'apartheid en Afrique du Sud. De même que les étudiants d'alors avaient construit un campement qui rappelait un *township* sud-africain, les manifestants d'aujourd'hui ont décidé de recréer, en plein centre du campus, un camp de tentes qui évoque ceux des réfugiés palestiniens à Gaza. Cette stratégie de désinvestissement a également été adoptée dans le combat contre le changement climatique et l'incarcération de masse aux États-Unis – dans tous ces cas, elle a conduit à un désinvestissement de l'Afrique du Sud, des compagnies pétrolières et des prisons privées.

Jusqu'à présent, les donateurs et les mandataires sont restés fermes. Mais le mouvement étudiant s'est tout de même élargi, principalement en raison de la répression administrative et policière, qui associe le mouvement contre la guerre à Gaza à celui de Black Lives Matter. Les deux mouvements formulent maintenant les mêmes critiques, notamment contre la colonisation de peuplement et l'apartheid, dont l'application à l'État d'Israël fait débat. C'est en tout cas le prisme méthodologique de mon collègue Rashid Khalidi, professeur d'histoire à Columbia. Pour lui, l'établissement de l'État d'Israël en Palestine donne lieu à un phénomène de double colonisation : le territoire palestinien était sous régime colonial britannique et le colonialisme sioniste a ajouté une seconde couche de domination[1]. Une autre approche consiste à dire que les Juifs venus s'installer en Palestine mandataire dans la première moitié du XXᵉ siècle étaient justement anticolonialistes et s'opposaient à la colonisation britannique. Il existe donc des modèles différents pour penser le conflit, mais en utilisant le cadre critique de l'anticolonialisme, en regardant la structure interne de l'État d'Israël comme un régime d'apartheid, les manifestants d'aujourd'hui se positionnent dans la continuité des mouvements abolitionnistes et de Black Lives Matter. La répression policière a soudé les différents maillons de la chaîne.

N'y a-t-il pas aussi une part d'ignorance chez les manifestants ? Lorsqu'ils basculent dans un antisionisme radical, comprennent-ils que cela revient à nier le droit d'Israël à exister ?

Les étudiants de Columbia sont plus subtils et ne font pas preuve d'ignorance ; ils sont, dans l'ensemble, très bien informés sur la question. Pendant l'occupation du campus, ils organisaient des groupes de lecture et de discussion. Et, à Columbia, l'occupation du campus a été lancée en grande partie par les étudiants juifs : on a assisté à des prières juives dans le campement, à des célébrations de Pessah… Ces étudiants juifs ressentent une grande responsabilité dans le contexte actuel et tiennent à faire entendre leur voix critique sur cette guerre. Moi-même, ayant des origines juives par mon père qui a dû fuir la France en juin 1940, j'ai toujours senti une responsabilité plus grande sur ce sujet. Bien sûr, il y a parfois des excès inacceptables des deux côtés. Il faut bien reconnaître que la réalité et les images du 7 octobre et de la guerre à Gaza sont intolérables. Mais les excès sont assez rares.

Le problème n'est pas l'ignorance des manifestants, mais la confusion généralisée entre l'antisémitisme, les critiques du gouvernement d'Israël et l'antisionisme. Il y a eu, au début de l'offensive israélienne en octobre 2023, une assimilation abusive : toute critique du gouvernement israélien était systématiquement taxée d'antisémitisme. Mais avec la poursuite de la guerre et l'explosion du nombre de victimes à Gaza, le mouvement d'opposition s'est radicalisé au point où la critique du gouvernement israélien se transforme en critique du sionisme. Et pas

---

1 - Rashid Khalidi, *The Hundred Years' War on Palestine: A History of Settler Colonialism and Resistance, 1917-2017*, New York, Metropolitan Books, 2020.

seulement sur les campus : la guerre menée par Israël a eu un effet très néfaste sur l'opinion publique dans son ensemble. Cela dépasse d'ailleurs largement les États-Unis : sur le plan international, Israël n'a jamais été en aussi mauvaise posture qu'aujourd'hui.

Malgré le bilan désastreux de son mandat, Donald Trump comptait davantage de suffrages en 2020 qu'en 2016. Faut-il considérer qu'il reste apprécié malgré ses mensonges, ses provocations et son appel au refoulé raciste, ou grâce à eux ? Au terme du mandat de Joe Biden, alors que la situation économique est plutôt favorable, le rapport de force politique a-t-il changé ?

La polarisation politique actuelle donne lieu à une sorte de paralysie de la démocratie américaine. Nos institutions ne sont pas adaptées à un climat politique où les deux grands partis s'opposent frontalement. Pendant les deux premières années de son mandat, l'*Inflation Reduction Act* et la *Bipartisan Infrastructure Law* n'ont pu voir le jour que grâce à une procédure complexe de réconciliation budgétaire, qui a permis à Biden, avec une légère majorité démocrate à la Chambre des représentants, de court-circuiter l'obstruction *(filibuster)* du Sénat. Ces avancées évoquaient le New Deal et ont donné à Biden une image de nouveau Roosevelt. Mais dans la seconde moitié de son mandat, la majorité républicaine à la Chambre a bloqué toutes les initiatives de l'administration. Cette situation facilite la propagation du récit selon lequel les Démocrates n'ont pas d'ambition pour le pays. Ainsi Trump, même condamné pour crimes, peut-il se présenter comme la seule personne susceptible de débloquer le gouvernement, ne serait-ce qu'en disposant d'une majorité républicaine forte.

> La polarisation politique actuelle donne lieu à une sorte de paralysie de la démocratie américaine.

En outre, la fascination pour Trump doit être comprise dans le cadre de l'individualisme qui règne actuellement dans la société américaine. Inscrit dans une longue tradition politique, il s'oppose à un État fort. On peut parler de nationalisme blanc au sujet de Trump, mais ce nationalisme, de façon presque antinomique, ne veut pas d'État. C'est pourquoi je préfère parler de « *contre-révolution*[2] ». Ces dernières années, on a beaucoup agité le spectre du *shutdown*, qui verrait toutes les administrations cesser leur activité faute d'accord politique au Congrès. Or, pour l'électeur de Trump, cet arrêt du gouvernement représente un idéal.

La situation actuelle n'évoque-t-elle pas les débuts du fascisme allemand, qui démarre comme un mouvement contre-révolutionnaire avant d'aboutir à un État nazi consolidé ? Jusqu'où l'assaut du Capitole, le 6 janvier 2021, aurait-il pu conduire ?

Le poids historique du terme « fascisme » est trop lourd et nous entraîne dans les profondeurs de la mémoire européenne. La référence au nazisme n'est pas nécessaire, car les États-Unis ont sur leur sol et dans leur histoire assez de mouvements violents, racistes et suprémacistes qui possèdent ce caractère contre-révolutionnaire. Si l'on tient au terme « fascisme », il faudrait l'entendre dans le sens proposé par Franz Neumann dans *Béhémoth*, où il défend l'idée selon laquelle le nazisme n'était pas une forme particulière d'État, mais justement un non-État, donc un chaos[3]. Le vote en faveur de Trump relève de ce désir d'être gouverné par quelqu'un qui serait au-dessus des lois et qui pourrait protéger les citoyens et améliorer leurs vies en agissant comme bon lui semble. Que ce soit en politique intérieure ou en politique étrangère, Trump s'autorise à briser toutes les normes, tous les accords et toutes les alliances : il incarne le fantasme de la toute-puissance. Quoi qu'il en soit, la société américaine actuelle est hostile à l'État-providence et, plus généralement, à un État fort. C'est cette vision d'un chef d'État qui concentre entre ses mains tous les pouvoirs, tout en étant hors la loi, que Trump mobilise, en construisant un éthos d'impunité présidentielle absolue. Il a d'ailleurs tenté de plaider, afin de retarder ses procès en cours, pour une forme d'immunité de principe, qui le blanchirait de tout acte contraire à la loi survenu au cours de son mandat présidentiel.

2 - Bernard E. Harcourt, *The Counterrevolution: How Our Government Went to War Against Its Own Citizens*, New York, Basic Books, 2018.
3 - Franz Neumann, *Béhémoth. Structure et pratique du national-socialisme* [1942], trad. Gilles Dauvé et Jean-Louis Poireau, Paris, Payot, coll. « Critique de la politique », 1987.

La campagne électorale donne l'impression que Trump veut mettre l'État à son service, notamment pour échapper à toute responsabilité juridique. Faut-il tout de même lui prêter une idéologie ?

Il n'est pas facile de savoir si Trump a une véritable idéologie politique. Son but est de revenir à la Maison Blanche et il est prêt à tout pour y parvenir. Il s'en était pris à l'interruption volontaire de grossesse, en favorisant la restriction du droit à l'avortement à l'échelle fédérale, mais il envoie aujourd'hui des signaux contradictoires sur ce point. Tout est affaire d'intuitions politiques en ce qui concerne sa base électorale… Si idéologie il y a chez Trump, ce serait une forme d'individualisme radical. Cet individualisme est lié à l'idéologie néolibérale du marché, mais a également des racines plus anciennes dans la pensée du XVIIIe siècle sur l'autonomie de l'individu, la maîtrise de la nature et la responsabilité de soi-même.

Nous sommes désormais dans une situation qui rend cette philosophie, remontant en partie à Kant et aux Lumières, néfaste pour nos sociétés et pour la planète : avec le réchauffement climatique et l'accroissement spectaculaire des interdépendances humaines, l'intérêt commun et l'action collective sont devenus plus nécessaires que jamais. Les théories de l'autonomie individuelle doivent être dépassées si l'on veut s'adapter au monde tel qu'il est, en particulier au regard de la menace de catastrophe environnementale. Or le trumpisme est climatosceptique, ce qui s'explique justement par cet individualisme radical.

Comment comprendre la fascination que Trump exerce sur les élus républicains, qui se sont alignés sur ses positions les plus outrées ?

L'élite politique du Parti républicain se plie à la volonté de Trump par crainte de sa base électorale, qui reste importante et pourrait anéantir tout autre candidat républicain. Il ne s'agit pas encore de milices à proprement parler, mais d'électeurs en grand nombre qui peuvent être mobilisés et organisés en une sorte d'émeute improvisée, comme lors de l'assaut du Capitole. Notre système politique n'est pas armé face à quelqu'un comme Trump, qui va à l'encontre de toutes les normes. Lorsqu'on perd les élections aux États-Unis, on part à la retraite sans faire de bruit – ce n'est pas ce qu'il a fait. Lorsqu'on arrive à la Maison Blanche, on ne s'acharne pas sur le ministère de la Justice pour le contrôler – or Trump s'auto-amnistie. Il a façonné sa réputation de figure transgressive dans tous les domaines de la vie politique : il brise toutes les normes et cela détruit les institutions démocratiques des États-Unis.

Dans **The Counterrevolution,** *vous associez les stratégies contre-insurrectionnelles et les méthodes de surveillance et de contrôle des foules au sein même des États-Unis. Les violences exercées à l'étranger seraient-elles revenues hanter le pays ?*

En effet, ce à quoi nous assistons aujourd'hui sur les campus américains s'inscrit dans la droite ligne du paradigme de la guerre moderne. Ce modèle militaire a été mis au point lors des soulèvements anticoloniaux et des guerres d'indépendance, notamment par l'armée française en Algérie, puis il a été repris et développé par les Américains en Afghanistan et en Irak : il consiste à identifier un ennemi intérieur, opposé à une population majoritaire plus docile, afin de ramener cette dernière à la raison. Il s'agit de gagner les cœurs et les esprits.

Sur le campus de Columbia, l'intervention des forces de l'ordre, dont le but était de disperser une cinquantaine de jeunes étudiants non armés, a été menée par des unités spéciales de la police de New York, avec des méthodes paramilitaires. Les moyens déployés étaient dignes d'une opération contre-insurrectionnelle. La disproportion d'une telle réponse montre où nous en sommes arrivés : un étudiant dit *woke* est présenté comme un danger pour la société. Les policiers sont entrés dans le bâtiment occupé armes à la main et l'un d'entre eux a même fait usage de son arme à l'intérieur.

Cette militarisation des méthodes policières s'est de plus en plus banalisée. Mais elle ne date pas du mandat de Trump ; ses racines sont à chercher dans les interventions militaires d'après le 11-Septembre. L'adoption des préceptes de la contre-insurrection par l'armée américaine a été théorisée, par exemple, par le général David H. Petraeus, qui a écrit un manuel de la guerre moderne pour l'Irak et l'Afghanistan. Cette stratégie a ensuite été importée *via* l'action des forces de l'ordre, qui recrutent souvent parmi les anciens militaires. Sous Obama, on a vu se répandre le recours à des drones en dehors des champs de bataille et se justifier les exécutions sommaires de citoyens américains à l'étranger… Aujourd'hui, ce type de pratiques est tellement intégré dans notre quotidien qu'elles semblent normales.

Certains font référence aux thèses de Giorgio Agamben sur l'état d'exception. Mais il s'agit au contraire d'un vaste effort de normalisation, et même de légalisation de pratiques illicites. Ce travail de juridicisation méthodique rend délibérément les frontières de l'État de droit floues et promeut l'usage de la violence au nom de la raison d'État ; or l'État de droit est la pierre de touche de la démocratie américaine. Ce schéma permet aussi de comprendre les injustices du système carcéral américain. Aux États-Unis, « l'ennemi intérieur » est souvent racialisé, et cette tendance s'est encore accentuée au cours des deux dernières décennies. Le système pénitentiaire américain est aujourd'hui l'exemple le plus criant de la fracture raciale institutionnalisée. La courbe des détentions est en croissance exponentielle depuis les années 1970, au point qu'en 2008, 1 % des adultes américains se trouvaient derrière les barreaux. Quant aux statistiques ethniques, elles sont encore plus inquiétantes : aujourd'hui, à Rikers Island, la maison d'arrêt de la ville de New York, 95 % des détenus sont des personnes de couleur.

L'époque actuelle évoque à certains égards celle de la Reconstruction, qui a suivi la guerre de Sécession : forte polarisation idéologique et politique, rejet de l'État fédéral dans le Sud, violences civiles… C'est également l'époque où l'on parle d'une « révolution inachevée », l'abolition de l'esclavage devant réaliser les promesses non tenues de la révolution de 1776. Martin Luther King reprendra ce thème pour décrire la vocation du mouvement pour les droits civiques. Est-ce dans ce sens que vous utilisez aujourd'hui le terme « abolitionniste » ?

La révolution abolitionniste n'a effectivement pas été achevée. L'esclavage a été aboli, mais une société post-esclavagiste reste à construire. Dans son grand ouvrage *Black Reconstruction in America* (1935), W. E. B. Du Bois développe le concept de *« démocratie abolitionniste*[4] *»*. Dans cette perspective, au lendemain de l'abolition, il aurait fallu construire des institutions pour assurer l'éducation, l'emploi et la socialisation des personnes qui avaient été esclaves, et transformer en profondeur l'économie politique. Les institutions qui ont vu le jour après la guerre civile ont au contraire rétabli l'esclavage *via* des dispositifs de droit pénal, notamment le travail forcé des prisonniers *(convict leasing)*. Les prisons, qu'on appelait d'ailleurs

---

4 - W. E. B. Du Bois, *Black Reconstruction in America: An Essay Toward a History of the Part Which Black Folk Played in the Attempt to Reconstruct Democracy in America, 1860-1880* [1935], préface de David Levering Lewis, New York, Free Press, 1998.

des « fermes » *(prison farms)*, reproduisaient exactement le modèle des plantations. Il en existe encore à ce jour, par exemple en Louisiane et au Mississippi, qui perpétuent l'esclavage. La très grande majorité des détenus y sont des Afro-Américains.

Cette vision enrichit nos conceptions de la démocratie. Lorsque Du Bois parle de *« démocratie abolitionniste »*, il s'agit d'un acte politique : il revendique une autre vision de la démocratie. Angela Davis, depuis les années 1990, a repris ce concept afin de soutenir l'abolitionnisme pénal, le combat pour une société qui n'aurait pas recours au carcéral. Il ne faut pas simplement abolir les prisons, mais les remplacer par des institutions, un tissu social et des services publics qui permettent à ceux qui sont en prison de réintégrer la société[5]. C'est en reprenant cette approche que je travaille aujourd'hui sur la démocratie coopérative. Nous pensons souvent à la démocratie à l'approche des élections, mais il s'agit désormais d'élargir la coopération démocratique à toutes les sphères de nos vies (le travail, le logement, la consommation, la famille, les finances, la production…)[6].

L'abolitionnisme pénal n'est qu'un élément de ma réflexion. Il faut commencer par renverser la logique pénitentiaire selon laquelle la minorité des détenus les plus dangereux justifie la manière dont sont traités l'immense majorité des détenus. Privilégier la coopération en général permettrait de consolider nos aptitudes démocratiques et produirait de nouvelles formes de solidarité et d'entraide : un premier aperçu de cette société transformée nous permettrait alors de réfléchir à la façon de traiter les cas limites, comme ceux des personnes incarcérées pour des crimes violents. Mais il ne faut pas limiter nos propres ambitions et utopies concrètes à cause de quelques cas limites. Je mets donc l'accent sur la démocratie coopérative – plutôt que simplement abolitionniste – parce que ces nouvelles pratiques de coopération restent à construire.

Propos recueillis par Anne-Lorraine Bujon

---

5 - Voir Angela Y. Davis, *Abolition Democracy: Beyond Empire, Prisons, and Torture*, New York, Seven Stories Press, 2005. Voir aussi B. E. Harcourt, *Critique and Praxis*, New York, Columbia University Press, 2020.
6 - B. E. Harcourt, *Cooperation: A Political, Economic, and Social Theory*, New York, Columbia University Press, 2023.

L'Amérique des laissés-pour-compte

Bénédicte Chesnelong

Après la victoire en 2016 de Donald Trump qu'il pensait impossible, Ted Conover, grand spécialiste du journalisme d'immersion[1], décida d'aller à la rencontre de ceux qui vivent loin des villes, persuadé que c'est au cœur des grands espaces, de la *wilderness*, que se déchiffre l'Amérique. La vallée de San Luis, au sud du Colorado, de la taille du New Jersey mais peuplée de seulement 50 000 habitants (dont 10 000 à Alamosa, principale ville de la région), constituait, à ses yeux, un lieu idéal pour comprendre comment Trump avait pu l'emporter. Elle est irriguée au sud par le Río Grande, les hivers y sont rudes et les étés torrides. Avec ses dunes et ses canyons, sa plaine qui s'étend à perte de vue jusqu'aux confins du Nouveau Mexique, bordée au loin de forêts et de montagnes avec leurs pics enneigés, San Luis offre un spectacle grandiose. « *Les grands espaces de la vallée évoquent un Far West retrouvé, vertueux car dépeuplé, pur car débranché.* » Dans

les années 1970, des promoteurs s'avisèrent d'y acheter des hectares, de les diviser en de multiples lots *(the flats)* et de les mettre en vente pour quelques poignées de dollars, à grand renfort de publicité, en mettant en avant les attraits d'un retour à la nature sauvage. Le succès fut immédiat, mais de nombreuses personnes qui pensaient faire une bonne affaire déchantèrent en comprenant qu'aucun des lots n'était viabilisé, que les travaux de raccordement étaient extrêmement onéreux, les infrastructures inexistantes et l'accès aux écoles ou aux hôpitaux difficile. Ils ne tardèrent pas à revendre, souvent à perte, ce qu'ils venaient d'acquérir…

Dans ce que Conover qualifie de « *havre pour presque fauchés* », environ un millier de personnes, éparpillées dans l'immense « *prairie* », vivent le plus souvent dans une caravane, un cabanon rafistolé ou un vieux camping-car, et cultivent à l'entour quelques légumes et, pour beaucoup, du cannabis. Peu de clôtures ici : « *Les terres non clôturées font partie de la grande beauté de la vallée. C'est aussi une partie de l'idée de l'Ouest. [...] Les clôtures sont un affront au vagabond, au chasseur indigène et au cow-boy sans terre.* » Il y a là des baroudeurs en quête d'une nouvelle vie, des

1 - Voir Ted Conover, *Au fil du rail. L'Amérique des hobos* [1984], trad. Anatole Pons, Paris, Éditions du sous-sol, 2016 ; *Les Coyotes. Un périple au-delà des frontières avec les migrants clandestins* [1987], trad. Morgane Saysana, Paris, Globe, 2015 ; « Pourquoi l'immersion ? », trad. A. Pons, *Feuilleton*, n° 18, 2016 ; et *Newjack. Dans la peau d'un gardien de prison* [2000], trad. A. Pons, Paris, Éditions du sous-sol, 2018.

fugitifs désireux de se faire oublier – les voisins, éloignés, sont peu intrusifs et les forces de l'ordre ne viennent que de temps à autre sanctionner ceux qui n'ont pas fait installer de fosse septique –, des survivalistes, des vétérans des guerres d'Irak et d'Afghanistan, et de jeunes toxicomanes[2]… La plupart sont des laissés-pour-compte. « *Des personnes qui ont l'impression d'avoir été broyées et recrachées, ont délaissé voire combattu des institutions auxquelles elles ont appartenu toute leur vie, que ce soit l'entreprise, l'école ou l'Église. La prairie est leur sanctuaire et leur lieu d'exil. […] Leur conscience politique penche du côté trumpiste : anti-État, pro-armes, l'Amérique d'abord, l'auto-suffisance érigée en modèle.* » Lorsqu'il arrive, en 2017, dans la vallée pour entamer son enquête, Conover est fraîchement accueilli – « *Si vous lisez ça, c'est que vous êtes à portée de tir !* », lit-il sur un écriteau accroché à la porte de la première cabane dont il tente de s'approcher. L'association d'entraide et d'accompagnement rural La Puente, dont il devient l'un des bénévoles, sera son sésame. Ses employés sillonnent la vallée, distribuent du bois, des draps, de la nourriture et des vêtements… L'hiver, lorsque la température tombe

en dessous de – 20 °C, le siège de La Puente à Alamosa retrouve sa vocation première de refuge pour les sans-abri. On y sert des repas et ceux qui le veulent peuvent y dormir. On y fête Noël dans une effusion de réjouissances « *comme une riposte délibérée à l'adversité* ».

Si Ted Conover dresse avec une réelle empathie le portrait de ceux qu'il a croisés dans la vallée, il laisse sans réponse la question qui avait suscité son enquête. Le Colorado avait dans son ensemble donné ses voix à Hillary Clinton en 2016 et à Joe Biden en 2020 – à l'exception de six comtés ruraux de la vallée de San Luis, dont la population, majoritairement blanche (et celle-ci à moitié hispanique), dispose de revenus largement inférieurs aux revenus moyens du Colorado, où les votes étaient plus partagés entre les camps démocrate et républicain. Mais l'auteur n'évoque jamais le sujet avec ses interlocuteurs. Et les réactions des uns à l'assassinat de George Floyd et au mouvement Black Lives Matter – « *Toutes les vies comptent, non ?*, lui déclare-t-on. *Les Noirs ne cherchent pas juste l'égalité, ils cherchent la supériorité.* » – ou la conviction des autres que la défaite de Trump en 2020 est le résultat d'une fraude ou que la CIA est dirigée par le Vatican ne suscitent de sa part aucune investigation complémentaire ni aucun commentaire…

2 - Ted Conover raconte comment, des années durant, le laboratoire McKesson a livré aux pharmacies des petites villes de la vallée de San Luis des opioïdes dans des quantités aussi importantes que celles livrées aux pharmacies des grandes métropoles.

On regrettera que Ted Conover décrive aussi longuement sa « *vie dans la prairie* » chez Franck et Stacy Gruber, qui l'ont hébergé à son arrivée en 2017, puis dans la caravane dont il s'est porté acquéreur et où il fait l'expérience d'une vie de peu, avec des réveils en plein hiver sous le givre. Il reconnaît avoir été séduit par ce retour à la nature et à une vie « sauvage », au point de se porter finalement acquéreur d'une parcelle dans la vallée de San Luis où il dit venir de temps à autre pour échapper à la frénésie de sa vie new-yorkaise. Force est ainsi de s'interroger sur les limites du reportage en immersion quand l'auteur, à trop vouloir se mettre en scène, en vient à raconter des anecdotes choisies au hasard de ses rencontres, qui ne suffisent pas à faire comprendre un pays aussi vaste, complexe et fracturé que le sont les États-Unis.

Là où la terre ne vaut rien
Ted Conover
Trad. Anatole Pons
Éditions du sous-sol, 2024, 336 p., 23,50 €

Le coût de la pauvreté en Amérique

Matthew Desmond

En 2020, la pandémie de Covid-19 a frappé les États-Unis, dont l'économie a menacé de s'effondrer. Les protocoles de distanciation sociale ont entraîné la fermeture d'entreprises et des millions d'Américains ont perdu leur emploi. Entre février et avril 2020, le taux de chômage a doublé, puis il a encore doublé. Au cours de la pire semaine de la Grande Récession de la fin des années 2000, 661 000 Américains ont demandé à bénéficier de l'assurance chômage. Au cours de la semaine du 16 mars 2020, plus de 3,3 millions d'Américains l'ont fait.

Le gouvernement fédéral a réagi à cette chute libre en apportant un soutien rapide et ambitieux. Il a élargi la période pendant laquelle les travailleurs licenciés pouvaient bénéficier de l'assurance chômage et, dans une rare reconnaissance de l'insuffisance de cette allocation, il a autorisé des versements supplémentaires pendant quatre mois, ce qui a presque triplé le montant moyen de l'allocation.

Grâce aux généreuses allocations de chômage – ainsi qu'aux chèques de relance, à l'aide au logement, à l'élargissement du crédit d'impôt pour les enfants *(Child Tax Credit)* et à d'autres formes d'aide –, la pauvreté n'a pas augmenté pendant la pire récession économique depuis près d'un siècle. Elle a même diminué, et ce dans des proportions considérables. L'économie américaine a perdu des millions d'emplois pendant la pandémie, mais il y avait environ 16 millions d'Américains de moins dans la pauvreté en 2021 qu'en 2018. La pauvreté a reculé dans tous les groupes raciaux et ethniques. Elle a reculé pour les citadins et les ruraux. Elle a diminué pour les jeunes et les personnes âgées. C'est chez les enfants qu'elle a le plus diminué. L'action rapide du gouvernement n'a pas seulement permis d'éviter un désastre économique ; elle a contribué à réduire de plus de *la moitié* la pauvreté des enfants.

Après des années d'inaction, les États-Unis ont enfin réussi à faire considérablement baisser le taux de pauvreté. Cependant, certains Américains semblaient gênés que le gouvernement en fasse autant. Ils reprochaient notamment aux allocations de chômage majorées de ralentir la reprise économique du pays. Kevin McCarthy, alors chef de l'opposition républicaine à la Chambre des représentants, a écrit que les Démocrates *« ont diabolisé le travail pour que les Américains deviennent dépendants du gouvernement étendu* [big government] *»*. Le propriétaire d'un hôtel attribue ses problèmes d'embauche à l'aide fédérale : *« Depuis quand tout le monde est-il devenu si paresseux ? »* Cela semblait évident : l'Amérique ne se remettait pas au travail parce que nous payions les gens pour qu'ils restent chez eux.

Cette hypothèse était erronée. En juin et juillet 2021, vingt-cinq États ont interrompu tout ou partie des aides d'urgence mises en place pendant la pandémie, y compris l'extension de l'assurance chômage. Il était donc possible de voir si ces États avaient bénéficié d'une hausse significative de leur taux d'emploi. Mais les données publiées par le ministère du Travail au mois d'août 2021 ont montré que les cinq États ayant connu la plus forte croissance de l'emploi (Alaska, Hawaï, Caroline du Nord, Rhode Island et Vermont) avaient conservé tout ou partie des allocations. Et les États qui avaient réduit les allocations de chômage n'avaient pas connu de croissance significative de l'emploi.

Pourquoi avons-nous cru si facilement la fable qui attribue le taux de chômage élevé à l'aide gouvernementale, alors que tant d'autres explications s'offraient à nous ? Pourquoi n'avons-nous pas pensé que les gens ne retournaient pas au travail parce qu'ils ne voulaient pas tomber malades et mourir ? Ou parce que leur emploi n'était pas bon au départ ? Ou parce que les écoles de leurs enfants avaient fermé et qu'ils ne disposaient pas de modes de garde fiables ? Pourquoi avons-nous répondu : « parce qu'ils touchent trois cents dollars de plus par semaine » ?

Le mythe de l'assistanat

C'est peut-être parce que, depuis les premiers jours du capitalisme, nous avons été formés à considérer les pauvres comme des personnes oisives et pas assez motivées. Les premiers capitalistes du monde ont été confrontés à un problème auquel les capitaines d'industrie sont toujours confrontés : comment faire en sorte que les foules se pressent dans leurs usines et leurs abattoirs pour y travailler à un salaire aussi bas que la loi et le marché le permettent. En 1786, dans sa *Dissertation sur les lois d'assistance publique, par un ami de l'humanité*, le médecin et ecclésiastique anglais Joseph Townsend propose une réponse : « *Les pauvres ont peu de motivations les stimulant au plus haut degré à l'action – fierté, honneur et ambition. En général, c'est seulement la faim qui peut les éperonner et les aiguillonner pour les faire travailler*[1]. »

Mais une fois que les pauvres sont entrés dans les usines, il faut des lois pour protéger la propriété, des hommes de loi pour arrêter les intrus, des tribunaux pour les poursuivre et des prisons pour les détenir. Pour gagner beaucoup d'argent, il faut un gouvernement étendu *(big government)*. Mais un gouvernement étendu peut aussi distribuer du pain. Les premiers convertis au capitalisme considéraient l'aide aux pauvres non seulement comme une mauvaise politique, mais comme une menace existentielle, susceptible de rompre la dépendance des travailleurs à l'égard des propriétaires. Conscients de cette réalité, les premiers capitalistes ont dénoncé les effets corrosifs de l'aide publique. En 1704, l'écrivain anglais Daniel Defoe a publié un pamphlet affirmant que les pauvres ne travailleraient pas pour un salaire s'ils pouvaient vivre d'aumônes. Cet argument a été répété à maintes reprises par d'éminents penseurs, notamment Thomas Malthus dans son célèbre *Essai sur le principe de population* de 1798.

De nos jours, on entend toujours les mêmes arguments absurdes. Lorsque le président Franklin Roosevelt, à l'origine du filet de sécurité américain, qualifiait en 1935 l'aide sociale de drogue et de « *destructeur subtil de l'esprit humain* » ; ou lorsque le sénateur de l'Arizona Barry Goldwater se plaignait en 1961 des « *tire-au-flanc professionnels dans les rues, qui ne travaillent pas et n'ont pas l'intention de travailler* » ; ou lorsque Ronald Reagan, en campagne pour l'investiture présidentielle à la fin des années 1970,

---

1 - Cité dans André Pichot, *Aux origines des théories raciales. De la Bible à Darwin*, Paris, Flammarion, 2008, p. 179.

parlait sans cesse d'un complexe de logements sociaux à New York où
« *vous pouvez obtenir un appartement avec deux mètres de hauteur sous plafond et
un balcon de quatre mètres carrés* » ; ou lorsque, en 1980, l'Association psy-
chiatrique américaine a fait du « *trouble de la personnalité dépendante* » une
catégorie nosographique officielle ; ou lorsque l'écrivain conservateur
Charles Murray a écrit dans son livre influent de 1984, *Losing Ground*,
que « *nous avons essayé de fournir plus aux pauvres et avons produit plus de pauvres
à la place* » ; ou lorsque le président Bill Clinton a annoncé en 1996 son
plan pour « *mettre fin à l'aide sociale telle que nous la connaissons* » parce que le
programme a créé un « *cycle de dépendance qui a existé pour des millions et des
millions de nos concitoyens, les exilant du monde du travail* » ; ou lorsque le Conseil
économique du président Donald Trump a publié un rapport selon lequel
l'aide sociale devait dépendre d'un certain nombre d'heures travaillées
et qu'elle avait entraîné un « *déclin de l'indépendance économique* », ils repre-
naient une vieille antienne – ce qu'on pourrait appeler la propagande
du capitalisme – : notre médicament (l'aide aux pauvres) est un poison.

De plus, les Américains ont tendance à croire – à tort – que la plupart
des bénéficiaires de l'aide sociale sont noirs et que les Noirs ont une
mauvaise éthique de travail. Le racisme à l'encontre des Noirs renforce
l'hostilité des Américains à l'égard des prestations sociales.

Lorsque la question de la dépendance à l'aide sociale a dominé le
débat public dans les années 1980 et 1990, des chercheurs ont constaté
que la plupart des jeunes mères bénéficiant de l'aide sociale cessaient
d'en dépendre dans les deux ans qui suivaient le début du programme.
La plupart de ces mères pouvaient revenir à l'aide sociale un jour ou
l'autre, en y recourant pour des périodes limitées entre deux emplois ou
après un divorce. Celles qui étaient restées longtemps sur les listes sont
l'exception à la règle. Ainsi, « *le système d'aide sociale n'encourage pas tant la
dépendance à l'égard de l'aide sociale qu'il n'agit comme une assurance contre les
malheurs temporaires*[2] ».

2 - Greg J. Duncan, Martha S. Hill et Saul D. Hoffman, "Welfare dependence within and across generations", *Science*, vol. 239, n° 4839, 29 janvier 1988, p. 467-471.

Le problème du non-recours

Aujourd'hui, le problème n'est pas la dépendance, mais le non-recours à l'aide sociale. En d'autres termes, de nombreuses familles pauvres ne profitent pas de l'aide qui leur est offerte. Seul un quart des familles qui remplissent les conditions requises pour bénéficier de l'aide temporaire aux familles dans le besoin *(Temporary Assistance for Needy Families)* en font la demande. Moins de la moitié (48 %) des Américains âgés qui ont droit à une aide alimentaire s'inscrivent pour la recevoir. Un parent sur cinq ayant droit à l'assurance maladie fédérale (*Medicaid* et *Children's Health Insurance Program*) ne s'y inscrit pas, tout comme un travailleur sur cinq ayant droit au crédit d'impôt sur le revenu *(Earned Income Tax Credit)* ne le réclame pas. Au plus fort de la Grande Récession, un Américain sur dix était sans emploi, mais parmi ce groupe, seul un sur trois touchait le chômage.

Il n'existe pas d'estimation officielle du montant total des aides publiques non réclamées par les Américains à faibles revenus, mais il se chiffre en centaines de milliards de dollars par an. Environ sept millions de personnes qui pourraient bénéficier du crédit d'impôt sur les revenus ne le demandent pas, ce qui représente un manque à gagner de 17,3 milliards de dollars par an. Si l'on ajoute à cela les sommes non réclamées chaque année par les personnes qui se privent de l'aide alimentaire (13,4 milliards de dollars), de l'assurance maladie (62,2 milliards de dollars), de l'assurance chômage lorsqu'elles sont entre deux emplois (9,9 milliards de dollars) et du revenu de sécurité complémentaire (*Supplemental Security Income*, 38,9 milliards de dollars), on arrive déjà à près de 142 milliards de dollars d'aides inutilisées.

Il était d'usage d'expliquer le non-recours à l'aide sociale par le refus de la stigmatisation, de penser que les gens ne réclamaient pas l'aide parce qu'ils trouvaient cela humiliant. Mais les dernières recherches ne corroborent pas cette théorie. Les taux de participation à des programmes soumis à des conditions de ressources, tels que l'aide alimentaire, sont similaires à ceux de certains programmes d'assurance sociale plus universels (et moins stigmatisants), tels que le chômage. Lorsque le gouvernement est passé des bons alimentaires, que l'on remettait aux yeux de tous à la caissière de l'épicerie, à de discrètes cartes à puce *(Electronic Benefits Transfer)*, il n'y a pas eu d'augmentation significative du nombre de demandes.

Si la réponse n'est pas la stigmatisation, que se passe-t-il ? Les Américains à faibles revenus ne profitent pas pleinement des programmes gouvernementaux pour une raison beaucoup plus banale : nous avons rendu les choses trop compliquées. Les gens ignorent souvent l'existence des aides qui leur sont destinées ou ils trouvent la procédure décourageante. Concernant les inscriptions aux programmes sociaux, les ajustements les plus efficaces ont été ceux qui ont simplement permis de sensibiliser les gens et de limiter les formalités et tracasseries administratives.

Une intervention a permis de *tripler* le taux d'obtention de l'aide alimentaire par les personnes âgées : il suffisait de leur fournir des informations sur le programme et de les aider à s'inscrire. Les ménages âgés ont reçu une lettre les informant qu'ils pouvaient demander l'aide alimentaire, ainsi qu'un numéro de téléphone à appeler. Les personnes qui composaient ce numéro étaient mises en relation avec un spécialiste des prestations sociales qui les aidait à remplir le formulaire requis et à rassembler les documents nécessaires.

Une autre initiative a permis d'augmenter considérablement le nombre de travailleurs qui ont demandé le crédit d'impôt sur les revenus, simplement en envoyant des courriers, en abrégeant le texte sur la demande et en utilisant une police de caractères plus lisible. Sans rire, l'utilisation de la police Frutiger – qui orne les panneaux routiers et les étiquettes de médicaments en Suisse – a permis d'apporter des millions de dollars supplémentaires aux familles de travailleurs à faible revenu.

L'ironie de la chose, c'est que pendant que les politiciens et les experts s'inquiètent de la dépendance des pauvres à l'aide sociale, les membres des classes privilégiées sont devenus de plus en plus dépendants des programmes d'aide sociale. Si l'on tient compte de toutes les prestations offertes, l'État-providence américain (en pourcentage du produit intérieur brut) est le deuxième au monde, après celui de la France. Mais cela n'est vrai que si l'on inclut les retraites subventionnées par l'État et fournies par les employeurs, les prêts et plans d'épargne étudiants *(529 plans)*, les crédits d'impôt pour les enfants et les aides à l'accession à la propriété : des prestations qui profitent de manière disproportionnée aux Américains se situant bien au-dessus du seuil de pauvreté. Si l'on met de côté ces avantages fiscaux et que l'on juge les États-Unis uniquement en fonction de la part du PIB allouée aux programmes destinés aux citoyens à faible revenu, notre investissement dans la réduction de la pauvreté est bien inférieur à celui d'autres pays riches. L'État-providence américain est inégalitaire.

Aider les riches

Dans son livre *The Government-Citizen Disconnect*, la politologue Suzanne Mettler rapporte que 96 % des adultes américains ont eu recours à un programme gouvernemental majeur à un moment ou à un autre de leur vie[3]. Les familles riches, de classe moyenne et pauvres dépendent de différents types de programmes, mais la famille moyenne riche bénéficie du même nombre de prestations que la famille moyenne pauvre.

Les prêts étudiants semblent être émis par une banque, mais l'unique raison pour laquelle les banques distribuent de l'argent à des jeunes de 18 ans, sans emploi, insolvables et sans caution, est que le gouvernement fédéral garantit les prêts et paie la moitié des intérêts. En ce qui concerne les plans d'épargne étudiants, on estime leur coût pour le gouvernement fédéral, entre 2017 et 2026, à 28,5 milliards de dollars. En 2020, le gouvernement fédéral a dépensé plus de 193 milliards de dollars en subventions aux propriétaires, un chiffre qui dépasse de loin les 53 milliards de dollars alloués à l'aide au logement pour les familles à faible revenu. Pour la plupart des Américains de moins de 65 ans, l'assurance maladie semble provenir de leur emploi, mais cet arrangement est soutenu par l'une des plus importantes exemptions fiscales accordées par le gouvernement fédéral. On estime qu'en 2022, cette exonération a coûté 316 milliards de dollars au gouvernement.

Aujourd'hui, les plus grands bénéficiaires de l'aide fédérale sont les familles aisées. Au total, les États-Unis ont dépensé 1 800 milliards de dollars en crédits d'impôts en 2021. Je ne saurais dire combien de fois quelqu'un m'a affirmé que nous devrions réduire les dépenses militaires et réorienter les économies réalisées vers les pauvres. J'ai rencontré beaucoup moins de personnes qui suggèrent d'augmenter l'aide aux pauvres en réduisant les avantages fiscaux qui profitent principalement à la classe supérieure, même si nous dépensons plus de deux fois plus pour eux que pour l'armée et la défense nationale.

---

3 - Suzanne Mettler, *The Government-Citizen Disconnect*, New York, Russell Sage Foundation, 2018.

Selon des données récentes compilant les dépenses en matière d'assurance sociale, de programmes sous condition de ressources, d'avantages fiscaux et d'aides financières à l'enseignement supérieur, le ménage moyen situé dans les 20 % inférieurs de l'échelle des revenus reçoit environ 25 733 dollars de prestations publiques par an, tandis que le ménage moyen situé dans les 20 % supérieurs reçoit environ 35 363 dollars. Chaque année, les familles américaines les plus riches reçoivent près de 40 % de plus en subventions publiques que les familles américaines les plus pauvres.

« Mais les riches paient plus d'impôts », pourrait-on rétorquer. C'est vrai, mais ce n'est pas la même chose que de payer une plus grande part d'impôts. L'impôt fédéral sur le revenu est progressif, ce qui signifie que la charge fiscale augmente avec les revenus, mais d'autres impôts sont régressifs, obligeant les pauvres à céder une part plus importante de leurs revenus. Prenons l'exemple des taxes sur la valeur ajoutée. Celles-ci frappent plus durement les pauvres, pour deux raisons présentées par les économistes Emmanuel Saez et Gabriel Zucman[4]. Premièrement, les familles pauvres ne peuvent pas se permettre d'épargner, alors que les familles riches le peuvent et le font. Les familles qui dépensent tout leur argent chaque année consacrent automatiquement une part plus importante de leur revenu à la taxe sur la valeur ajoutée que les familles qui ne dépensent qu'une partie du leur. Deuxièmement, lorsque les familles riches dépensent de l'argent, elles consomment davantage de services que les familles pauvres, qui dépensent leur argent en biens (essence, nourriture), lesquels sont soumis à une taxe sur la valeur ajoutée plus importante. La progressivité de l'impôt fédéral sur le revenu est compensée par la nature régressive d'autres impôts, notamment le fait que la richesse (sous forme de gains en capital) est imposée à un taux inférieur à celui des salaires.

Emmanuel Saez et Gabriel Zucman montrent que lorsque tous les impôts sont pris en compte, nous sommes en fait tous imposés au même taux. En moyenne, les Américains pauvres consacrent environ 25 % de leurs revenus aux impôts, tandis que les familles riches sont imposées à un taux effectif de 28 %, soit à peine plus.

4 - Emmanuel Saez et Gabriel Zucman, *Le Triomphe de l'injustice. Richesse, évasion fiscale et démocratie* [2019], trad. Cécile Deniard, Paris, Seuil, coll. « Les Livres du nouveau monde », 2020.

« *Les impôts, ça doit faire mal.* »

Le gouvernement américain aide le plus ceux qui en ont le moins besoin. Telle est la véritable nature de notre État-providence.

Les conséquences se font sentir sur nos comptes bancaires, mais plus profondément dans notre psychologie et notre esprit civique. Des études ont montré que les Américains qui demandent le crédit d'impôt sur les revenus ne se considèrent pas davantage comme bénéficiaires de l'aide publique que ceux qui, dans des conditions similaires, ne demandent pas ou ne peuvent pas demander cette aide. En revanche, les personnes bénéficiant d'une aide sociale en espèces, dans le cadre de programmes tels que l'assistance temporaire aux familles dans le besoin, se considèrent comme des bénéficiaires de l'aide gouvernementale. De même, les personnes qui ont eu recours à des prêts ou plans d'épargne étudiants ne reconnaissent pas davantage le rôle du gouvernement dans leur vie que les personnes d'origine similaire qui n'ont pas eu recours à ces programmes. En revanche, les anciens combattants américains de la Seconde Guerre mondiale qui ont bénéficié du *G.I. Bill* de 1944 avaient clairement le sentiment que de nouvelles opportunités leur avaient été offertes grâce à l'action de l'État. Les Américains qui bénéficient des programmes sociaux les plus *visibles* (comme les logements sociaux ou les aides alimentaires) sont également les plus enclins à reconnaître que le gouvernement a joué un rôle positif dans leur vie, mais les Américains qui bénéficient des programmes les plus *invisibles* (à savoir les crédits d'impôt) sont les moins enclins à penser que le gouvernement leur a donné un coup de pouce.

Les familles qui bénéficient le plus des largesses de l'État sous la forme de crédits d'impôts nourrissent les sentiments antigouvernementaux les plus forts. Les électeurs qui réclament des baisses d'impôts sont, dans leur grande majorité, ceux-là mêmes qui s'opposent à des investissements plus importants dans des programmes tels que le logement abordable, tout comme ceux qui bénéficient d'une assurance maladie parrainée par leur employeur sont ceux qui poussent à l'abrogation de la loi sur les soins abordables *(Affordable Care Act)* de 2010. C'est l'un des paradoxes les plus exaspérants de la vie politique.

> **Le gouvernement américain aide le plus ceux qui en ont le moins besoin.**

Comment résoudre ce problème ? Comment concilier le fait que d'énormes avantages fiscaux accordés par le gouvernement passent inaperçus aux yeux des familles des classes moyennes et supérieures qui en bénéficient, ce qui nourrit le ressentiment de ces familles à l'égard d'un gouvernement perçu comme faisant l'aumône aux familles pauvres, ce qui conduit les électeurs aisés à se mobiliser contre les dépenses publiques en faveur des pauvres tout en protégeant leurs propres avantages fiscaux, qui sont censés passer inaperçus ?

À mon avis, il y a trois possibilités. La première est que beaucoup d'entre nous, et c'est compréhensible, ont du mal à considérer un crédit d'impôt comme un chèque de l'État. Nous considérons l'impôt comme un fardeau et les crédits d'impôt comme le fait que l'État nous permet de conserver une plus grande partie de ce qui nous revient de droit. Les psychologues ont montré que nous avons tendance à ressentir les pertes plus intensément que les gains. La douleur de perdre 1 000 dollars est plus forte que la satisfaction de gagner la même somme. Il en va de même pour les impôts. Nous avons tendance à penser beaucoup plus aux impôts que nous devons payer qu'à l'argent que nous recevons sous forme de crédits d'impôt.

C'est le résultat de la volonté des États-Unis de rendre la déclaration d'impôts pénible et fastidieuse. Au Japon, en Grande-Bretagne, en Estonie, aux Pays-Bas et dans plusieurs autres pays, les citoyens ne déclarent pas leurs impôts ; le gouvernement le fait automatiquement. Les contribuables vérifient les montants renseignés, signent le formulaire et le renvoient par la poste. La démarche peut être accomplie en quelques minutes et permet de mieux garantir que les citoyens paient les impôts qu'ils doivent et reçoivent les prestations qui leur sont dues. Rien n'empêcherait que les impôts des Américains soient levés de cette manière, si ce n'est que les lobbyistes des entreprises et de nombreux législateurs républicains préfèrent que la démarche soit douloureuse. *« Les impôts, ça doit faire mal »*, a déclaré le président Reagan.

Dans ce cas, l'emballage est tout aussi important que le cadeau. Mais les aides sociales et les crédits d'impôt augmentent les revenus des ménages, contribuent au déficit et sont conçus pour encourager certains comportements, comme consulter un médecin ou épargner pour les études supérieures. Nous pourrions inverser le système de distribution pour parvenir aux mêmes fins : augmenter l'aide sociale aux pauvres en réduisant les cotisations sociales pour les travailleurs à faible revenu (comme l'a fait la France) et remplacer la déduction des intérêts hypothécaires par un chèque envoyé chaque mois par la poste aux propriétaires. Cela reviendrait au même.

Les hasards de la vie

Dans ces conditions, je soupçonne qu'il existe une autre raison à notre réticence à reconnaître l'action invisible de l'État-providence : le sentiment que les choses nous sont dues. Peut-être que les Américains des classes moyennes et supérieures pensent qu'ils méritent l'aide du gouvernement, mais pas les pauvres. Les penseurs libéraux l'expliquent depuis longtemps : la croyance bien ancrée des Américains en la méritocratie les pousse à faire l'amalgame entre réussite matérielle et mérite. Je n'y crois pas. Nous sommes assaillis de trop de preuves évidentes du contraire. Croyons-nous vraiment que les 1 % les plus riches sont plus méritants que le reste du pays ? Osons-nous pointer du doigt les femmes de ménage dont la peau est irritée à cause des produits chimiques, les cueilleurs qui ne peuvent plus se tenir droit ou les millions d'autres travailleurs américains pauvres, et prétendre qu'ils sont coincés au bas de l'échelle parce qu'ils sont paresseux ?

Même dans notre vie personnelle, nous voyons des gens réussir socialement, non pas grâce à leur courage et à leurs efforts, mais parce qu'ils sont grands ou séduisants, parce qu'ils connaissent quelqu'un ou parce qu'ils ont reçu un important héritage. Nos vies sont concrètement façonnées, de multiples manières, non seulement par des choses indépendantes de notre volonté, mais aussi par l'inexorable irrationalité du monde. Chaque jour, nous sommes confrontés au caractère capricieux de la vie, à la manière injuste et stupide dont notre avenir est déterminé par nos origines sociales ou le hasard.

La plupart d'entre nous pensent que travailler dur aide à réussir – parce que c'est bien sûr le cas –, mais la plupart d'entre nous reconnaissent également que des avantages découlent du fait d'être blanc, d'avoir des parents instruits ou de connaître les bonnes personnes. Nous sommes conscients que ce qu'on obtient à la sueur de son front a des limites, que les platitudes sur le courage, la maîtrise de soi et les heures de travail sont de bons conseils pour nos enfants, mais qu'elles n'expliquent pas la façon dont le monde fonctionne. La plupart des Démocrates et des Républicains pensent aujourd'hui que la pauvreté est due à des circonstances injustes et non à un manque d'éthique du travail.

Cela nous amène à la troisième explication possible de la raison pour laquelle nous acceptons l'état actuel des choses : nous l'aimons.

C'est l'explication la plus grossière, je sais, et c'est probablement la raison pour laquelle nous la dissimulons derrière toutes sortes de justifications et de dérobades faciles. Mais comme l'a dit un jour la militante des droits civiques Ella Baker, *« ceux qui sont fortunés ne veulent pas d'un retournement de fortune[5] »*, quelle que soit la façon dont ils ont obtenu leur argent. Les crédits d'impôts sont intéressants quand on peut les obtenir. En 2020, la déduction des intérêts hypothécaires a permis à plus de 13 millions d'Américains de conserver 24,7 milliards de dollars. Les familles propriétaires dont le revenu annuel est inférieur à 20 000 dollars ont économisé 4 millions de dollars, et celles dont le revenu annuel est supérieur à 200 000 dollars ont bénéficié de 15,5 milliards de dollars. Toujours en 2020, plus de 11 millions de contribuables ont déduit les intérêts de leurs prêts étudiants, ce qui a permis aux emprunteurs à faible revenu d'économiser 12 millions de dollars et à ceux dont les revenus se situent entre 100 000 et 200 000 dollars d'économiser 432 millions de dollars. Au total, les 20 % de contribuables les plus aisés bénéficient de six fois plus d'avantages fiscaux que les 20 % les plus modestes.

Nous avons choisi de donner la priorité au subventionnement de la richesse plutôt qu'à la réduction de la pauvreté. Et puis nous avons le culot – l'impudence, en fait – d'inventer des histoires sur la dépendance des pauvres à l'égard de l'aide publique et de rejeter les propositions visant à réduire la pauvreté parce qu'elles coûteraient trop cher. En constatant le coût d'un programme qui réduirait de moitié la pauvreté des enfants ou donnerait à tous les Américains l'accès à un médecin, nous demandons : « Mais en avons-nous les moyens ? » *En avons-nous les moyens ?* Quelle question coupable ! Quelle question égoïste, malhonnête, posée comme si la réponse n'était pas sous nos yeux. Nous en aurions les

---

5 - Ella Baker, entretien avec John Britton, 19 juin 1968, *The Civil Rights Oral History Project*, Moorland-Spingarn Research Center, Howard University, p. 82, cité par Barbara Ransby, *Ella Baker and the Black Freedom Movement: A Radical Democratic Vision*, Chapel Hill, The University of North Carolina Press, 2003, p. 305.

moyens si les plus aisés d'entre nous obtenaient moins de l'État. Nous en aurions les moyens si nous construisions notre État-providence de manière à élargir le champ des possibles et non de manière à protéger les fortunes.

Publié, sous le titre "The High Cost of Being Poor",
dans The New York Review of Books*, le 20 avril 2023,*
cet article est la version modifiée d'un extrait du livre de Matthew Desmond,
Poverty, By America *(New York, Crown Publishing Group, 2023).*
Il est traduit de l'anglais (États-Unis) par Jonathan Chalier.

L'Arizona, un État pivot

Anne Deysine

L'Arizona évoque le désert de Sonora, avec ses cactus, et le Grand Canyon. C'est aussi un État qui, avec la climatisation et ses grands espaces, a attiré de nouvelles populations, ce qui lui a valu de passer de six à neuf élus à la Chambre des représentants en 2022 et de disposer désormais de onze « grands électeurs » pour l'élection présidentielle de 2024[1]. La population d'actuellement 7,3 millions d'habitants a fortement augmenté (plus de 13,9 % depuis 2010) et le profil des nouveaux arrivants s'est modifié : ils sont moins nombreux à venir des États du Midwest, plutôt républicains, et sont davantage des étudiants et des cadres supérieurs qui viennent habiter les deux grandes métropoles de Phœnix et Tucson et qui ont une sensibilité plutôt démocrate. Avec les minorités, qui représenteront une majorité en 2030, ce traditionnel bastion républicain est aujourd'hui divisé à égalité entre Démocrates et Républicains. À la Chambre des représentants, les Démocrates comptent cinq représentants sur neuf et, au Sénat, le Démocrate Mark Kelly (élu en 2020 avec 48,8 % des suffrages) est venu rejoindre l'autre sénatrice de l'État (démocrate devenue indépendante) Kyrsten Sinema, qui a décidé de ne pas se représenter. Il y a peu de chances que les Démocrates conservent ce siège en 2024, et donc leur majorité au Sénat des États-Unis.

Au niveau de l'État, les deux Chambres sont aux mains des Républicains avec une infime majorité, mais les trois postes clés de gouverneur, d'avocat général *(Attorney General)* et de secrétaire d'État chargé des élections ont été remportés en 2022 par les Démocrates, en partie parce que

---

1 - Sur un collège de 538 « grands électeurs », on estime que 260 iront au candidat démocrate et 235 au candidat républicain. La majorité étant de 270 grands électeurs, l'Arizona et six autres États pivots (la Géorgie, la Pennsylvanie, le Wisconsin, le Michigan, le Nevada et la Caroline du Nord) détermineront à qui iront les 43 grands électeurs disputés.

leurs adversaires républicains, qui avaient le soutien de Donald Trump, ont fait campagne sur le thème de « l'élection volée ». L'État peut donc basculer d'un côté ou de l'autre : il a donné la victoire à Trump en 2016 et à Joe Biden en 2020, avec seulement 10 000 voix d'avance (49,4 % des suffrages, contre 49,1 % à Trump). En conséquence, en 2024, l'Arizona reste un État pivot.

L'Arizona est un État traditionnellement conservateur, une forteresse républicaine depuis 1952, qui n'a voté démocrate à la présidentielle qu'en 1996, pour réélire Bill Clinton après une procédure d'*impeachement* pour mensonge et parjure, hautement politisée, et en 2020 dans un contexte d'« élection volée », annoncée par Trump avant même les résultats. Mais l'État évolue, tout en gardant une culture politique marquée par le mythe de la frontière et la méfiance envers l'État fédéral. Il est confronté aux problèmes de l'immigration illégale, à l'épidémie d'opioïdes mais aussi aux vagues de chaleur et à la pénurie croissante en eau. Tous ces sujets, ainsi que le droit à l'avortement et les dangers pour la démocratie, seront au centre des campagnes électorales de 2024.

Un microcosme de l'Amérique

Aujourd'hui, l'Arizona est un microcosme de l'Amérique et de sa division à l'ère du trumpisme. Alors que deux de ses héros étaient des personnalités pragmatiques, Sandra Day O'Connor, première femme à siéger à la Cour suprême, et John McCain, le sénateur centriste, l'Arizona a désormais le même fonctionnement que celui qui prévaut sur le plan national : la polarisation et le recours systématique au pouvoir judiciaire pour contester les décisions du parti opposé. C'est dans ce contexte, accentué par la désinformation et la persistance du mensonge de l'élection volée, que va se dérouler la campagne de 2024. Ce seront donc les thèmes qui divisent le plus l'opinion qui risquent d'être privilégiés : l'immigration par les Républicains, l'avortement et la démocratie par les Démocrates. Et les résultats dépendront du taux de participation et des règles du jeu électoral en vigueur en novembre 2024.

> **Aujourd'hui, l'Arizona est un microcosme de l'Amérique et de sa division à l'ère du trumpisme.**

Depuis une quinzaine d'années, les Républicains, au niveau de l'État, sont connus pour leurs positions extrêmes, que ce soit les élus des deux Chambres, l'ancien avocat général Mark Brnovitch – à l'origine de l'action en justice qui a permis à la Cour suprême, en 2021, de vider la loi sur le droit de vote de 1965 d'une partie de ses clauses antidiscriminatoires – ou encore le shérif Joe Arpaio – qui détenait les sans-papiers en violation de la loi, de la Constitution et des droits humains, et s'en vantait sur les réseaux sociaux ; il a été gracié par Trump et fait désormais campagne pour lui. Au Congrès, où ils sont majoritaires, les Républicains pratiquent l'obstruction et refusent d'examiner les propositions démocrates : la polarisation est aussi forte qu'à Washington.

Fausser le jeu démocratique

En Arizona comme au niveau national, les Républicains ont contre eux la démographie et des électeurs hostiles à leurs priorités, comme le démantèlement de *Medicare* (le système fédéral de santé des plus de 65 ans) ou la dérégulation. Aussi usent-ils de tous les moyens pour consolider leur pouvoir : abus du découpage électoral partisan *(gerrymandering)* et adoption de mesures visant à rendre les initiatives populaires et le vote des minorités plus difficiles.

Par une loi de 1991, les Républicains avaient généralisé le vote anticipé par correspondance qui permet à l'électeur (sans devoir invoquer un motif quelconque – *No Excuse*) de recevoir son bulletin de vote à son domicile et de voter par correspondance ou de déposer son bulletin au bureau de vote. Cette procédure, plébiscitée par huit électeurs sur dix en Arizona, a toujours bien fonctionné, jusqu'à ce que Trump l'attaque avant et après l'élection de 2020. Les Républicains ont tenté la voie judiciaire pour éliminer la pratique, contestant une procédure qui ne satisferait pas à l'exigence de « secret » du vote, mais la cour d'appel ne les a pas suivis. Sous couvert de lutte pour « l'intégrité électorale », ils ont alors adopté une loi, immédiatement promulguée par le gouverneur républicain Doug Ducey en 2021, qui restreint la possibilité de voter de façon anticipée.

La Constitution de l'Arizona donne aux électeurs la possibilité de proposer de nouvelles lois ou des amendements constitutionnels par voie d'initiative populaire. Les groupes de citoyens doivent réunir un certain nombre de signatures pour mettre une proposition au vote. C'est ainsi qu'ont été adoptés plusieurs textes auxquels s'opposaient les Républicains au Congrès, notamment une augmentation du salaire minimum et l'adoption d'un impôt sur les revenus supérieurs à 250 000 dollars. Cela explique la stratégie des Républicains : rendre les initiatives plus difficiles et recourir à la voie judiciaire pour les contester. Ils ont ainsi obtenu l'interdiction par le juge, en 2016, de la pratique de la « prime par signature obtenue », certes non dénuée d'effets pervers, mais très efficace pour atteindre le seuil nécessaire au dépôt de la proposition. La loi a été contestée en justice, mais la cour suprême de l'État a conclu que la loi ne viole pas le droit de pétition. En cas de succès de l'initiative et sous les prétextes les plus variés, les Républicains n'hésitent pas à demander au juge l'invalidation d'un maximum de signatures. Et ils parviennent souvent à leurs fins, comme dans le cas de l'initiative populaire *(Free and Fair Election Measures)* qui visait à revenir sur les mesures restrictives en matière de droit de vote prises par la législature dominée par les Républicains. La cour suprême a confirmé le rejet d'un nombre suffisant de signatures ; il est vrai que le gouverneur républicain a nommé cinq de ses sept juges.

Les arrière-pensées derrière ces manœuvres sont claires. Les associations progressistes engagées en faveur du droit à l'avortement et des libertés civiles veulent sanctuariser le droit à l'avortement par voie d'initiative populaire en 2024. Si la proposition est sur le bulletin de vote, la mobilisation des électeurs progressistes est assurée, comme elle l'a été dans des États « rouges » (républicains), comme le Kansas ou l'Ohio, qui ont voté très majoritairement pour inscrire dans la loi ou la Constitution le droit à l'avortement. La cour suprême de l'Arizona a en effet jugé qu'une loi de 1894 interdisant tout avortement entrait en vigueur dès la décision *Dobbs* de la Cour suprême en 2022, qui a mis fin au droit constitutionnel à l'avortement. Devant le tollé, il s'est trouvé en quelques jours une majorité (composée des Démocrates et de plusieurs Républicains inquiets des incidences électorales) dans les deux Chambres pour abroger cette loi. Il reste une loi de 2022 autorisant les avortements jusqu'à quinze semaines. L'initiative populaire *Arizona for Abortion Access* aurait le mérite de clarifier la situation et de sanctuariser le droit jusqu'à la viabilité du fœtus (vingt-quatre semaines), mais obtenir son inscription sur les bulletins de vote implique de recueillir près de 400 000 signatures valides provenant d'électeurs inscrits sur les listes. Comme à chaque fois, certaines des signatures seront contestées et invalidées. Car les enjeux sont importants.

La campagne de 2024

Outre l'avortement et les dérapages antidémocratiques qui vont mobiliser les Démocrates, et l'immigration, cheval de bataille des Républicains[2], la pénurie d'eau[3] et le refus des élus républicains de reconnaître les problèmes liés au changement climatique vont peut-être s'inviter dans le débat électoral. C'est important, car les élections vont se jouer sur le taux de participation de chaque camp. La défense de l'environnement et l'initiative sur le droit à l'avortement peuvent mobiliser les jeunes et les inciter à aller voter. Mais il faudrait une victoire large aux Démocrates dans l'État qui fut (et est encore) le plus réceptif au mensonge de l'élection volée. Et une loi adoptée après les élections de 2020 pour « renforcer la confiance dans les résultats électoraux » facilite les demandes de recomptage en cas de résultats serrés. Selon de nombreux responsables électoraux, si elle est instrumentalisée, cette mesure risque de rendre impossible le respect des dates butoirs prévues par la Constitution – le 17 décembre 2024 et le 6 janvier 2025.

2 - Des mesures contre les migrants ont été mises en place dès 2000, avec le refus d'accorder le permis de conduire aux sans-papiers et aux *dreamers* (ceux qui sont arrivés aux États-Unis très jeunes, y ont fait leurs études et ont commencé à y travailler) ou la vérification obligatoire du titre de séjour lors des arrestations. Voir Damien Simoneau, « *"Don't California my Arizona"*. Mobilisations et polarisations partisanes autour de l'immigration », dans David Diallo, Éric Rouby et Adrien Schu (sous la dir. de), *Trump ou l'érosion de la démocratie américaine*, Pessac, Presses universitaires de Bordeaux, 2023.
3 - Fondomonte Arizona, filiale d'Almarai, dont le siège social est à Riyad, a obtenu des baux ruraux sur de larges superficies pour y cultiver du foin de luzerne qu'elle exporte en Arabie saoudite, où l'utilisation de l'eau à des fins agricoles est très réglementée. La nouvelle gouverneure Katie Hobbs a refusé de renouveler ceux des baux venus à échéance. L'eau est un enjeu d'autant plus important que l'Arizona est devenu une terre d'élection des géants des semi-conducteurs. Le taïwanais TSMC, l'américain Intel et le néerlandais ASM investissent massivement, attirés par les 52,7 milliards de dollars de subventions et aides du programme fédéral CHIPS. Or les semi-conducteurs sont de grands consommateurs d'eau.

Poussières d'Amérique à l'écran

Nathalie Bittinger

Les nouvelles fractures débusquées par le cinéma ne datent pas d'hier. Dès les années 1980, l'Amérique qui soutient Ronald Reagan, placée sous le sceau de l'argent-roi, prône un néolibéralisme décomplexé, engendrant l'explosion des inégalités. Ces profondes mutations laissent tout un peuple sur le carreau, frappé de plein fouet par les crises et la désindustrialisation. Traitant leurs personnages comme des émanations d'un paysage sociopolitique en mouvement, des films explorent la manière dont la géographie – entre folklore, culture et économie – détermine des tempéraments. Il en va ainsi des frères Coen, de *Blood Simple* (1984) à *No Country for Old Men* (2005), auscultant les mythes et les clichés d'un pays qui a changé… en pire. La bigarrure des États suscite une profonde scission entre urbanité et ruralité. Quoi de commun entre l'Amérique périphérique des laissés-pour-compte (dépeinte par Jim Jarmusch, fer de lance du cinéma indépendant), les métropoles redessinées par la gentrification (New York croquée avec humour dans *Manhattan* de Woody Allen en 1979) et la banlieue huppée qui étouffe sous le poids du conformisme (le grinçant *American Beauty* de Sam Mendes, sorti en 1999)? La texture des peuples de l'Amérique se fragmente, les tensions entre communautés se durcissent, à mesure de la montée de l'individualisme, du consumérisme ou de la pauvreté.

Trente-cinq ans plus tard, Donald Trump reprend à Ronald Reagan son slogan *Make America Great Again*. Quel violent écart entre l'élection du premier président afro-américain et celle, volée à la barbe des médias et de Hillary Clinton, du milliardaire provocateur à la casquette rougeoyante? Si les deux mandats hautement symboliques de Barack Obama avaient galvanisé le camp démocrate, soucieux d'améliorer l'égalité des droits ou d'étendre le système de santé, le Républicain Donald Trump a fait campagne sur la profonde colère du pays envers ses élites. Il s'est autoproclamé chantre des oubliés, puis érigé en *outsider* antisystème une fois à la Maison Blanche. Jamais le clivage entre les *Anywhere* (« Partout ») cosmopolites, d'ici et d'ailleurs, et les *Somewhere* (« Quelque-Part »), enracinés mais archaïques, ne s'est exprimé avec tant de force[1]. Aussi schématiques soient les catégories de David Goodhart, cette partition rejoint peu ou prou l'antagonisme entre les centres urbains, défendant les minorités ethniques ou sexuelles, et les campagnes plus conservatrices, qui ont, en grande partie, adopté le populisme de Donald Trump. Tous se regardent en chiens de faïence, surtout depuis l'assaut du Capitole par ses partisans après l'élection de Joe Biden.

Des soubresauts que le cinéma n'a pas manqué de décortiquer, lui-même divisé dans les visions du monde qu'il offre aux spectateurs. De l'effort accompli pour donner une meilleure visibilité aux marges, dans le cinéma indépendant, mais aussi sur les plateformes – avec une visée plus mercantile –, à la défiance envers le système, sur lequel prospère un populisme nouvelle génération[2].

Manifestes pour le droit des minorités

Reprenant le fil du Nouvel Hollywood, tout un pan du cinéma indépendant se fait le héraut des combats progressistes. Longtemps censuré par le « code Hays » (1934-1966), le septième art a participé aux bouleversements des mentalités, avant d'être un rouage de l'inclusion.

Par exemple, l'homosexualité a longtemps été bannie, traitée de manière oblique ou criminalisée. Les séries des réseaux câblés, non dépendants des annonceurs, ont constitué un premier espace de subversion : *Queer as Folk* (2000-2005) et *The L Word* (2004-2009) pour Showtime, *Angels in America* (2003) ou *Looking* (2014-2015) côté HBO, *Orange Is the New Black* (2013-2019), *Sense 8* (2015-2018) des sœurs Wachowski ou *Sex Education* (2019-…) pour Netflix. Côté cinéma, *Le Secret de Brokeback*

---

1 - David Goodhart, *Les Deux Clans. La nouvelle fracture mondiale* [2017], trad. Valérie Le Plouhinec, Paris, les Arènes, 2019.
2 - Voir Nathalie Bittinger, *Il était une fois l'Amérique à l'écran*, Paris, Hoëbeke, 2023.

Mountain (2005) d'Ang Lee fut un succès populaire et critique inattendu, couronné de plusieurs prix. Anticipant *Carol* (2015) de Todd Haynes, mélodrame saphique dans la société patriarcale des années 1950, cette histoire d'amour tragique entre deux cow-boys dans l'Amérique homophobe des années 1960 a eu des répercussions sociopolitiques, prouvant la capacité du cinéma à agir sur le monde. Mais ce « *film-événement*[3] » a subi par contrecoup son lot de polémiques. Il a fait hurler le public conservateur[4], fustigeant ce « *western homosexuel* » portant atteinte au mythe de l'Ouest. Plus récemment, *Moonlight* (2016) de Barry Jenkins dépeint l'émancipation d'un Afro-Américain gay, vers l'acceptation de son identité. Enfant d'un quartier pauvre de Miami, « Little » – ainsi moqué par ceux qui le harcèlent – vit avec une mère accro au crack. Bien que Chiron, son vrai prénom, traverse à l'adolescence un moment d'une rare intensité avec l'un de ses amis, sa situation empire au lycée jusqu'à ce qu'il se révolte contre ses agresseurs et soit emmené par la police. Ellipse. Ultime surnom : « Black », quand il réapparaît métamorphosé en armoire à glace, devenu dealer par déterminisme social, mais parvenant à vivre son homosexualité au grand jour.

Du côté de la trans-identité, si le premier long métrage d'Ed Wood, *Louis ou Louise* (1953), aborde ce sujet avec les yeux de son époque, comme *Un après-midi de chien* (1975) de Sidney Lumet avec ceux de la contre-culture, ou plus récemment *Boys Don't Cry* (1999) de Kimberly Peirce, les comédiens de ces œuvres – Ed Wood, Chris Sarandon et Hilary Swank – n'étaient pas personnellement impliqués dans ce combat. L'actrice de *Transamerica* (2005) de Duncan Tucker, Felicity Huffman, déclarait en 2014 qu'un rôle de transsexuel devait être joué par quelqu'un d'intimement concerné. C'est le parti pris de la série *Euphoria* (2019-…, HBO) de Sam Levinson, centrée sur une jeunesse déboussolée, prête à tout pour anesthésier ses traumatismes. Cette série chorale détricote les névroses de la « génération Z », abusant des réseaux sociaux qui saccagent ou flattent l'image de soi. Divers *flash-back* et voix *off* relatent leurs secrets, de la toxicomanie de la narratrice principale, Rue, orpheline de père, à la transsexualité de Jules, qui a subi maints abus, en passant par le

---

3 - Diana Gonzales-Duclert, *Le Film-Événement. Esthétique, politique et société dans le cinéma américain*, Paris, Armand Colin, 2012, p. 160.
4 - Voir Robert Knight, "*Narnia* gets lion's share of box-office while critics hail 'gay cowboy' flick" [en ligne], *Concerned Women for America*, 13 décembre 2005.

comportement toxique de Nate, confronté très jeune aux vidéos porno-graphiques de son géniteur. Née dans un corps masculin alors qu'elle se sent femme, Jules a en partie transformé son apparence. Pour donner une authenticité plus forte à ces questionnements sexuels et identitaires, les créateurs ont choisi l'actrice transgenre Hunter Schafer, militante qui tente de faire avancer la cause LGBTQ+.

Autre avancée fondamentale : l'omerta qui régnait à Hollywood a volé en éclats. Largement médiatisées, les accusations d'agressions sexuelles lancées en 2017 contre le producteur Harvey Weinstein, sanctionné en 2020 de vingt-trois ans de prison, ont déclenché le mouvement #MeToo. Un cas évoqué dans *The Assistant* (2019) de Kitty Green.

Populisme et défiance envers les élites

Si les artistes progressistes s'inscrivent dans la lignée de la contre-culture des années 1960-1970, le populisme de Donald Trump réactive *a contrario* les valeurs puritaines et patriarcales des années 1950, sans oublier le néoconservatisme messianique des années 1980-1990. Multipliant les propos misogynes, homophobes ou racistes, il est apparu comme l'épou-vantail symptomatique des dérives réactionnaires. Il a suscité l'opprobre d'un côté, mais l'enthousiasme de l'autre, révélant des conflits immémo-riaux entre deux Amérique, qui datent au moins de la guerre de Sécession (1861-1865). Le scepticisme à l'égard des élites, qui a soutenu l'investiture « surprise » de Donald Trump, n'est pas un sujet récent. Dans le sillage de l'assassinat de Kennedy, l'élection est passée au scalpel, de *Votez McKay* (1972) de Michael Ritchie – soit les utopies fracassées d'un jeune can-didat démocrate plongé au cœur du réacteur politique, médiées par des pressions économiques et la versatilité des foules – à *Primary Colors* (1988) de Mike Nichols – sur l'étouffement des scandales sexuels, tel un écho à la campagne de Bill Clinton en 1992. Braquant la lumière sur les angles morts d'un processus décevant et artificiel, le cinéma a parfois favorisé le sentiment de déconnexion entre le peuple et ses représentants, soit l'un des carburants du populisme.

À cet égard, *House of Cards* (2013-2018) a redéfini la place du public. Produite avec l'aide de David Fincher, qui réalise les deux épisodes ini-tiaux, la première série originale de Netflix bouleverse les modes de production, puisqu'elle s'adosse aux algorithmes pour coller aux désirs du spectateur. Elle l'érige de surcroît en complice imaginaire des machiavéliques Frank et Claire Underwood, interprétés par Kevin Spacey et Robin Wright. La voix *off* et le regard caméra le prennent sans cesse à partie et l'invitent, avec une certaine brutalité, à partager leurs secrets d'alcôves et leurs sordides subterfuges. Des coulisses à la pleine lumière, la route vers la Maison Blanche est pavée de mensonges, de trahisons et de crimes. Comme le dit Frank aux mains sales et à la parole acerbe : « *J'ai appris qu'il faut attraper le cadeau par les couilles. C'est là que vit le peuple américain.* » Ou encore : « *L'identité du prochain président de ces États-Unis est une fois de plus entre les mains d'une bande de politiciens égoïstes, avides d'argent, qui lèchent des bottes […]. Et tout ce qu'il me faut, c'est un vote de plus que l'autre.* » Jamais le démontage des arcanes du pouvoir n'avait exhibé un tel cynisme. En brisant le quatrième mur, *House of Cards* s'érige en plaidoyer pour une démocratie directe dégradée. À noter que la série s'est achevée par une sixième saison atrophiée par la mise au ban de Kevin Spacey, accusé d'agressions sexuelles dans le contexte de l'affaire Weinstein, mais jugé non coupable en 2022.

Des sans-grade aux nouveaux nomades

S'il est un réalisateur qui a su radiographier ces clivages, c'est Clint Eastwood. Passé d'acteur de série B à metteur en scène néoclassique révéré, il a défendu Ronald Reagan dans les années 1980, avant d'afficher son soutien à Donald Trump. Le cinéaste républicain est allé jusqu'à déclarer être « *fatigué du politiquement correct* » et de cette « *génération de lavettes*[5] », au grand dam de la presse française qui n'aime guère ses longs métrages louant la bannière étoilée, tel *American Sniper* (2014) sur la guerre en Irak. Adepte du clair-obscur, Clint Eastwood est toutefois encensé pour ses films humanistes, de *Million Dollar Baby* (2004), s'écartant du récit de boxe pour traiter de l'euthanasie, à *Invictus* (2009), ressuscitant la lutte de Nelson Mandela contre l'apartheid. Durant une cinquantaine d'années, sa filmographie a traité toutes les tensions de la mythologie

---

5 - Voir l'entretien avec Michael Hainey, "Clint and Scott Eastwood: No holds barred in their first interview together", *Esquire*, 3 août 2016. Voir aussi Ghislain Benhessa et Nathalie Bittinger, « Clint Eastwood, le héraut de l'Amérique profonde » [en ligne], *Esprit*, octobre 2017.

américaine : de l'homme seul face au système, méfiant à l'égard des institutions, jusqu'à la défense de la démocratie ; du désir de liberté individuelle jusqu'à la protection de la communauté, quitte à réactiver la loi du talion (*Mystic River*, 2003).

Il n'est dès lors pas étonnant que le peintre mélancolique de l'*americana* se soit reconnu dans les discours de Donald Trump. Parmi les œuvres récentes du nonagénaire, deux sont des histoires vraies érigées en paraboles des « sans-grade » contre les puissants. *Sully* (2016) met en scène « le miracle de l'Hudson », amerrissage virtuose d'un avion qui menaçait de s'écraser sur New York. Alors même qu'il a sauvé tous les passagers, le commandant Sullenberg est accusé de n'avoir pas respecté la procédure. Certain d'avoir agi dans l'intérêt de tous, ce héros malgré lui, qui croule sous les dettes, réussit *in fine* à faire plier la bureaucratie des experts. *Le Cas Richard Jewell* (2019) reconstitue l'attentat perpétré lors des Jeux olympiques d'Atlanta en 1996, où l'héroïsme d'un agent de sécurité ventripotent est mis en doute par les autorités et la presse. Ce qui les gêne n'est pas tant son récit maladroit, potentiellement faux, mais ce qu'il incarne : une population qu'ils croyaient disparue, attachée à ses *donuts*, à ses *diners* et à ses armes à feu en libre-service, qui va jusqu'à danser la *Macarena*. Reçu froidement aux États-Unis, le film ressemble à un manifeste contre l'effacement du « petit Blanc » : soit une fable sur l'Américain moyen transformé en ennemi public numéro un.

À l'autre bout du spectre politique, d'autres invisibles ont été capturés avec une grande sensibilité par Chloé Zhao, bardée de récompenses pour *Nomadland* (2020), oscar du « meilleur réalisateur » et Lion d'or à Venise. L'œuvre explore l'Amérique des caravanes, ces nouveaux nomades qui ont subi de plein fouet la mondialisation et la crise des *subprimes*. Après la mort de son mari et la fermeture de son usine, Fern (Frances McDormand) fait l'expérience de cette vie marginale, rejoignant ces errants contemporains qui vont de-ci de-là pour trouver du travail. Malgré son parcours chaotique, elle poursuit avec courage et dignité sa quête de sens et de liberté.

Néanmoins, complexifiant toute lecture binaire, *We Blew It* (2017) du Français Jean-Baptiste Thoret est un *road movie* documentaire qui s'interroge sur les vestiges de la contre-culture. Il emprunte d'ailleurs son titre à l'une des phrases fondatrices d'*Easy Rider* (1969) de Dennis Hopper : « *On a tout foutu en l'air.* » Donnant la parole aux deux camps sans jugement, l'œuvre est un instantané de l'Amérique de 2016 gangrenée par l'affrontement entre Donald Trump et Hillary Clinton. Face caméra défilent des cinéastes des années 1970 (Michael Mann, Charles Burnett, Tobe Hooper) et des citoyens lambda, qui brossent un patchwork des États-Unis. Séduits par Donald Trump, certains expriment leurs désillusions à l'égard des vieux rêves et des promesses démocrates : déclassement économique, haine des clandestins, élites corrompues, défense du deuxième amendement, etc. Soit, selon les mots de l'auteur du film, « *une étrange Amérique, non répertoriée et largement passée sous les radars des commentaires critiques, une Amérique qui ne se résume pas aux "laissés-pour-compte de la mondialisation", ni à tous ceux qu'on range rapidement, et en se pinçant le nez, sous l'étiquette "populiste"*[6] ». *We Blew It* met en valeur le grand charivari idéologique, à l'image de cette militante républicaine assurant qu'elle aurait voté, à l'époque, pour le Démocrate Kennedy. Sans parler de l'embourgeoisement des hippies devenus des *yuppies* (jeunes cadres ambitieux des années 1980). Le dessinateur du *New Yorker* Robert Mankoff, s'exprimant du haut de sa tour vitrée, considère qu'ils sont nombreux à avoir troqué leurs tuniques d'antan pour le costume capitaliste.

> **We Blew It met en valeur le grand charivari idéologique.**

———

À l'orée du nouveau scrutin de 2024, la polarisation idéologique entre des valeurs et des modes de vie aux antipodes n'a jamais semblé aussi exacerbée. Quasi irréconciliable. Sur le bas-côté, loin des métropoles dynamiques, les déclassés de la diagonale du vide se sentent marginalisés. Vent debout contre les combats progressistes, certains s'arc-boutent sur leur nostalgie d'un vieux pays aux idéaux conservateurs ou s'insurgent contre les élites. Miroir de concentration des tensions sociopolitiques, même avec ses prismes déformants, le cinéma explore les frictions entre l'individu et la communauté depuis ses débuts. Il les a érigées en mythes qui se fracassent régulièrement contre les virevoltes de l'histoire. Au gré de leurs engagements, les réalisateurs sont parties prenantes d'une lutte qui se joue peut-être avant tout sur le terrain des représentations.

6 - Jean-Baptiste Thoret, livret du DVD *We Blew It*, Potemkine Films, 2018, p. 17.

Reconstruire du commun

On the road again
La nouvelle Amérique des routes

Guillaume Le Blanc

L'histoire des routes est toujours, à bien des égards, l'histoire d'une nation. Arpenter les chemins, c'est découvrir de nouveaux espaces, c'est espérer dans l'ailleurs, célébrer l'utopie de la mobilité. Une nation est faite de voyages, les États-Unis plus qu'une autre tant la conquête de l'Ouest a fabriqué la nation. Soient deux romans américains séparés d'à peine cinquante ans : *Sur la route* de Jack Kerouac (1957) et *La Route* de Cormac McCarthy (2006). Deux imaginaires de la route suggèrent deux époques.

De Kerouac à McCarthy

La route de Kerouac est la route de tous les affranchissements. *« J'ai raconté toute la route à présent »*, écrit Kerouac dans une lettre à Neal Cassady du 22 mai 1951[1]. Le voyage se veut un voyage vers l'Ouest, vers le mythe américain de la renaissance de la nation : *« J'avais toujours rêvé d'aller vers l'Ouest, de voir le pays […] Et pour la première fois de ma vie, l'après-midi suivant, je suis parti dans l'Ouest[2]. »* Et si, par la suite, les itinéraires prennent la route de tous les pôles, l'essentiel est que l'exploration de la route devient à elle-même sa propre raison d'être. Elle est l'utopie des deux amis, Sal Paradise et Dean Moriarty, car elle devient le monde de toutes les possibilités : *« Un gars de l'Ouest, de la race solaire, tel était Dean. Ma tante avait beau me mettre en garde contre les histoires que j'aurais avec lui, j'allais entendre l'appel d'une vie neuve, voir un horizon neuf, me fier à tout ça en pleine jeunesse… Quelque*

---

1 - Jack Kerouac, *Lettres choisies (1940-1956)*, introduction de Ann Charters, trad. Pierre Guglielmina, Paris, Gallimard, coll. « Du monde entier », 2000.
2 - J. Kerouac, *Sur la route. Le rouleau original* [1957], éd. Howard Cunnell, trad. Josée Kamoun, Paris, Gallimard, coll. « Folio », 1976, p. 153 et 166.

part sur le chemin je savais qu'il y aurait des filles, des visions, tout, quoi ; quelque part sur le chemin on me tendrait la perle rare[3]. »

En 1957, la route est intéressante car elle est le lieu d'expérimentation de tous les espaces, extérieurs et intérieurs : la conquête de l'Ouest est une conquête de soi où chacun devient l'enseignant de l'autre – « *Il en vint à m'enseigner autant de choses que probablement je pouvais lui en apprendre[4].* » De New York à San Francisco, la route s'étire, traverse les villes de Denver, Houston, Los Angeles. Une Amérique des pèlerins fondateurs et des conquérants de l'Ouest se réinvente hors de tout projet colonial ou impérialiste. Seulement, quand l'Amérique s'arrête, car il n'y a plus de terre à arpenter plus à l'ouest, il faut la réinventer en voyageant dans d'autres directions. L'Amérique est alors la somme de ses routes : « *Voilà que j'étais au bout de l'Amérique, au bout de la terre, et maintenant il n'y avait nulle part où aller, sinon revenir. Je résolus du moins d'adopter un périple circulaire[5].* » Au XIXe siècle, l'Amérique ne cesse de se déplacer vers l'Ouest : le *Far West* qui est l'au-delà des frontières devient la frontière ultime, la terre sans au-delà. Dans le roman de Kerouac, c'est désormais la route qui est le nouveau territoire à explorer. L'imaginaire américain se fixe comme un imaginaire de la mobilité permanente, où tout est réalisable si tout est mis en mouvement.

Cinquante ans plus tard, c'est d'une tout autre route dont il s'agit. Elle n'est plus sillonnée par deux amis à la recherche d'expériences fortes, mais par un père et un fils qui tentent de survivre dans des paysages de désolation et de ruine. L'Ouest n'est plus le terme du voyage ; c'est le Sud, car il y fait plus chaud et que c'est la seule possibilité de ne pas mourir de froid. Surtout, nous sommes dans le temps de l'Apocalypse et non plus dans celui de la réalisation de soi. « *Dans les jours et les semaines qui suivirent, ils marchèrent vers le Sud. Solitaires et fourbus. Une contrée à vif de collines. Des constructions d'aluminium. Par moments ils apercevaient des tronçons de l'autoroute en bas, entre les peuplements dénudés de bois de remous. Le froid et un froid de plus en plus mordant. Juste après le col ils s'arrêtèrent dans la montagne et contemplèrent l'immense gouffre au sud, où le pays avait été consumé par le feu aussi loin que portait*

---

3 - *Ibid.*, p. 25.
4 - *Ibid.*, p. 19.
5 - *Ibid.*, p. 115.

le regard, les formes noircies des rochers émergeant des bancs de cendre et les tourbillons de cendre soulevés et soufflés sur le bas pays à travers cette désolation[6]. »

Il n'est question que de manger, de dormir, de ne pas mourir : *« Ils furent toute la journée sur la longue route noire, s'arrêtant l'après-midi pour manger chichement un peu de leurs maigres provisions[7]. »* La route n'est en aucun cas le présage des ailleurs, elle n'est pas davantage la leçon des émancipations ou le signal de la libération des sens, mais elle est la réserve de toutes les précarités, le lieu où *« trouver des morceaux de silex ou de quartz dans un fossé[8] ».* C'est que la route traverse *« les ruines carbonisées de maisons où ils ne seraient pas entrés avant[9] ».* Des épaves de *« camion à la périphérie d'une petite ville », « des appareils électriques, des meubles, des outils, des choses abandonnées depuis longtemps par des fugitifs[10] »* forment la seule vérité de la route.

Vers un nouveau nomadisme

Que s'est-il donc passé en cinquante ans dans l'imaginaire nomade américain, si ce n'est la fin de l'utopie démocratique liée à la possibilité de recommencer ailleurs ? De Kerouac à McCarthy, l'Amérique a été vidée de son potentiel politique de faire route neuve. Désormais, la route a cessé d'être la promesse d'un nouvel espace à conquérir, pour devenir le signifiant le plus accompli de l'impossibilité de se résigner. Être mobile, ce n'est plus prendre la route pour s'attacher à un nouvel espace et appartenir ainsi à une communauté d'élection, selon un jeu du local et du national toujours ouvert. La mobilité tend à être appréhendée comme l'unique solution à la crise économique. Elle est l'ultime action quand toutes les autres actions ont échoué.

La journaliste Jessica Bruder a documenté l'exode de centaines d'Américains qui n'ont plus eu comme seule possibilité, après la crise des *subprimes* de 2008, ayant perdu leur travail, l'argent accumulé pour la retraite, leur maison ou risquant sa saisie, que de prendre les routes dans un van aménagé. Leur vie est devenue une survie, mais elle est choisie par eux, revendiquée comme style de vie. Comme le signale Bruder, ils ne

6 - Cormac McCarthy, *La Route* [2006], trad. François Hirsch, Paris, Éditions de l'Olivier, 2008, p. 19.
7 - *Ibid.*, p. 59.
8 - *Ibid.*, p. 118.
9 - *Ibid.*, p. 119.
10 - *Ibid.*, p. 178.

se vivent pas tant comme « sans domicile fixe » que comme « *sans adresse fixe*[11] », dans la mesure où ces nomades ont simplement renoncé à une maison, à un appartement qui les asphyxiait financièrement et les contraignait à gagner leur vie pour rembourser les emprunts. « *Aujourd'hui, au XXIe siècle, on assiste à l'émergence d'une nouvelle tribu de voyageurs. Des gens qui n'auraient jamais pensé devenir nomades un jour se retrouvent bien malgré eux sur la route. Ils sont obligés de quitter leur maison ou appartement pour vivre dans ce que certaines appellent des "résidences sur roues"*[12]. » La précarité subie est alors retournée en précarité choisie. Dans l'impossibilité d'augmenter son salaire pour rembourser son prêt et continuer à se nourrir et à se soigner, la décision a été de vivre sur la route en supprimant l'emprunt et en trouvant des travaux d'itinérant. « *Nombre d'entre eux se sont retrouvés contraints de prendre la route quand leurs économies ont été englouties par la Grande Récession de la fin des années 2000. S'ils acceptent des boulots physiques aux longues amplitudes horaires, c'est pour remplir leur estomac et leur réservoir d'essence. À l'ère des bas salaires et de l'explosion du prix du logement, ils se sont affranchis des loyers et des crédits immobiliers pour mieux s'en sortir. Ils font ce qu'il faut pour survivre dans l'Amérique*[13]. »

Le phénomène est encore marginal, même s'il tend à croître. Mais il oblige à comprendre combien la question américaine, comme dans bien d'autres pays, reste la question sociale. Comment une nation fait-elle société ? Sur le front de cette interrogation émerge le discours de la protection qu'une nation offre à ses citoyens et le sentiment que les citoyens n'appartiennent plus à la même nation s'ils ne sont pas protégés. Wim Wenders avait réalisé en 2003 un long métrage bouleversant sur les laissés-pour-compte de la société américaine, *Land of Plenty*, « terre d'abondance ». Filmant, sur le mode de la fiction, une mission catholique venant en aide aux sans-abri de Los Angeles, il montre la vulnérabilité d'un pays riche et suggère que la guerre sociale est à ce point présente aux États-Unis que le risque de sécession, dans le contexte de l'après 11-Septembre, est réel.

Dans la même veine, suite à la crise économique, Jessica Bruder révèle en quoi la perte du logement et la fragilisation sociale ont précipité des Américains sur les routes dans l'espoir d'abolir la spirale infernale. La

11 - Jessica Bruder, *Nomadland* [2017], trad. Nathalie Peronny, Paris, Globe, 2019, p. 11.
12 - *Ibid.*, p. 10.
13 - *Ibid.*, p. 11.

route, dans cet esprit, a été métamorphosée en contre-société utopique : elle seule restaure pour des milliers d'Américains le rêve de s'en sortir à nouveau et crée une espérance. *« Personne n'aime se contenter de survivre. Ce qui n'était au départ qu'une stratégie désespérée s'est transformé en un cri de ralliement pour ceux qui aspirent à autre chose. Être humain, c'est voir au-delà de sa simple subsistance. Nous avons autant besoin d'espérer que de nous abriter du froid ou de nous alimenter. Et de l'espoir, il y en a sur la route*[14]. *»* Un nouveau paysage américain émerge, fait d'entrepôts, de campings, de parkings, de grandes surfaces et d'usines désaffectées.

> La route a été métamorphosée en contre-société utopique.

La question politique des déshérités

La question politique des déshérités n'est pas seulement celle du ressentiment des plus démunis à l'égard des élites ou des privilégiés que s'efforcent de capter les populismes. Elle ne se réduit pas non plus à leur adhésion au discours de la revanche, entretenu par les partis les plus extrêmes ou les représentants les plus extrémistes des partis conservateurs. C'est bien davantage encore la réalité de la place conférée dans la démocratie à celles et à ceux qui n'ont pas de place, ou qui ont le sentiment de leur précarité, de ne pas compter, d'être invisibles. La politiste américaine Wendy Brown avait caractérisé, en 1995, les États-Unis de *States of injury*[15], un « pays de la blessure ». Si l'imaginaire de la deuxième chance, du recommencement, de l'utopie d'un espace à conquérir n'est plus ce qui tient lieu de psyché nationale ou de « rêve », alors la question se pose de savoir comment fabriquer à nouveau un rêve d'appartenance nationale au sein de l'imaginaire de la mobilité. Comment éviter les deux écueils de la désaffiliation nationale des laissés-pour-compte et de leur ré-affiliation sur des bases xénophobes, homophobes, conservatrices et identitaires ?

Jessica Bruder évoque le *Rubber Tramp Rendez-vous*, un rassemblement annuel de nomades destiné à faire communauté par la création éphémère d'un village composé de vans, de roulottes, de camping-cars, de berlines,

---

14 - *Ibid.*
15 - Wendy Brown, *Politiques du stigmate. Pouvoir et liberté dans la modernité avancée* [1995], trad. Céline Van Caillie, Paris, Presses universitaires de France, coll. « Pratiques théoriques », 2016.

de caravanes sur un terrain vague dans la ville de Needles en Californie. Le site internet en loue les vertus : *« À bien des égards, nous autres, nomades des temps modernes, ressemblons aux trappeurs des temps jadis ; nous avons besoin d'être seuls et toujours en mouvement mais, de temps à autre, nous avons aussi besoin de nous rassembler et de tisser des liens avec des compagnons qui nous comprennent*[16]. *»* Sous l'égide d'un organisateur, des conseils s'échangent entre ceux qui montrent le fonctionnement de leur four solaire, ceux qui expliquent comment réparer leur véhicule, ceux qui proposent de construire des sommiers et des étagères à installer dans les vans, ceux qui enseignent comment rafistoler des pneus usagés, etc. Voilà bien une réinvention de l'esprit de solidarité à partir duquel peut s'organiser une communauté invisible des itinérants.

Voilà bien, dans le même temps, une réinvention de la liberté au fondement des États-Unis, comme le souligne l'une des conférences proposées : *« Comment vivre dans une voiture, un van ou un camping-car... et se sortir des dettes, voyages et connaître la vraie liberté*[17] *»*. Un renversement de sens de la précarité s'opère : la décision radicale de vivre *on the road* renouvelle le geste de la mobilité, central dans la psyché américaine, en l'arrimant à une somme de bricolages, parmi lesquels parvenir à fabriquer une couchette-lit dans un espace réduit, loger un frigo, créer un point d'eau. Qu'est-ce que cette liberté reconquise à la faveur d'un geste radical d'errance, de renoncement définitif à un travail stable pour suivre la route des petits boulots saisonniers signifie dans la fabrique de l'Amérique d'aujourd'hui, si ce n'est que la route reste le seul espace à vivre quand on est privé d'espace ? Dès les années 1920, le sociologue Nels Anderson documente la vie en *« Hobohème »* en faisant le portrait de ces ouvriers migrants qui se déplaçaient de Chicago vers l'Ouest à la recherche, le long des routes, de boulots journaliers sur les chantiers[18]. Le *hobo*, que Nels Anderson était par ailleurs, est celui qui vit une vie de débrouille dans la marginalité vagabonde. De la *« Hobohème »* de Nels Anderson au *« Nomadland »* de Jessica Bruder, un siècle plus tard, les univers de la route demeurent, mais leur signification a changé. Arrimés à la débrouille et vivant de travail en travail en suivant les chantiers et les routes qui y

---

16 - Jessica Bruder, *Nomadland, op. cit.*, p. 170.

17 - *Ibid.*, p. 177.

18 - Nels Anderson, *Le Hobo. Sociologie du sans-abri* [1923], préface d'Anne-Marie Arborio et Pierre Fournier, présentation et postface d'Olivier Schwartz, trad. Annie Brigant, Paris, Armand Colin, 2011.

mènent, ils retournent désormais l'univers de la route contre celui du travail, lequel n'est plus que l'alibi permettant de vivre la route comme l'ultime espace émancipateur.

Dans ce retournement de la ville vers la route se lit l'utopie d'une contre-société de l'exode, mais également l'inquiétude d'un espace affranchi de la nation, dont les formes de solidarités s'organisent en dehors des solidarités nationales, le plus souvent absentes. Une Amérique invisible s'invente malgré tout dans l'immensité des espaces, au gré de chemins qui ne mènent nulle part. Cette Amérique est l'autre des États-Unis d'aujourd'hui, elle est le retour du refoulé, celui-là même auquel se confrontait Dos Passos dans le prologue de sa trilogie *U.S.A.* en 1938 sous la figure d'un clochard qui « *n'a pas d'emploi, pas de femme, pas de maison, pas de ville*[19] », mais qui travaille et dort dans toutes les grandes villes et apprend tous les métiers. Quand la route devient l'altérité redoutée et cesse de conduire vers les espaces à conquérir, il semble que les murs prévalent sur les ponts et fassent désormais frontière. « *Au petit matin, ils reprendront la route en méditant une fois de plus cette vérité : en Amérique les derniers endroits gratuits sont les parkings*[20]. »

19 - John Dos Passos, *U.S.A.* [1930-1936], trad. Norbert Guterman, Yves Malartic et Charles de Richter, révisé par Sabine Boulongne et C. Jase, préface de Philippe Roger, Paris, Gallimard, coll. « Quarto », 2002, p. 34-35.
20 - J. Bruder, *Nomadland, op. cit.*, p. 12.

Mine de rien

Le roman américain dans (presque) tous ses états

Brice Matthieussent

S i la France aime regrouper ses écrivains dans des écoles littéraires, les États-Unis préfèrent classer les siens en « générations » : il y a ainsi la *« génération perdue »* – terme inventé par Gertrude Stein pour rapprocher Hemingway et Fitzgerald ainsi que d'autres romanciers plus ou moins brièvement installés à Paris entre les deux guerres. Une trentaine d'années plus tard apparaît la *Beat Generation* de Kerouac, Ginsberg, Burroughs et consorts – l'expression est surtout utilisée par les journalistes américains désireux de confondre un mouvement littéraire et un mode de vie contestataire précurseur des hippies. Puis dans les années 1990 arrive la « génération X » décrite par de jeunes romanciers tels que Bret Easton Ellis, Jay McInerney ou Douglas Coupland.

Les récentes disparitions de grands écrivains américains, comme Cormac McCarthy, Russell Banks, Jim Harrison ou bien, plus récemment, Paul Auster, sans oublier Philip Roth, pourraient accréditer cette hypothèse de « générations » successives d'écrivains. Mais si certaines œuvres marquantes des générations passées – disons *Tendre est la nuit*, de Fitzgerald, pour la première ; *Sur la route*, de Kerouac, pour la *Beat* ; *American Psycho*, de Ellis, pour la X – étaient les manifestes d'une mutation, d'une sensibilité nouvelle, propre à une époque, on voit mal ce qui rapprocherait les romans de Harrison, ancrés dans le Middle West rural, et ceux, typiquement new-yorkais, d'Auster. Même constat pour McCarthy, Roth et Banks. Rien de commun, donc, entre tous ces auteurs récemment disparus. Et ce puissant bariolage s'applique aussi à deux « monstres » vieillissants de la littérature américaine, Thomas Pynchon et Don DeLillo qui, d'une certaine manière, ont leur œuvre « derrière eux ». Aucun de ces grands disparus ou « trésors vivants » n'a donc eu l'impression, et encore moins l'ambition, d'appartenir à une quelconque « génération » littéraire, ni à une école, ni même à un groupe.

Il n'y a donc pas de « nouvelle vague », de « nouvelle génération » d'écrivains américains, seulement des romanciers de tous âges, commençant ou continuant d'écrire et de publier. Quoi de commun, en effet, entre la vétérane Joyce Carol Oates et sa bonne centaine de romans, et Hernán Diaz remportant le prix Pulitzer 2023 avec son deuxième roman, le vertigineux *Trust* ? Rien. Simplement, Oates et Diaz ainsi que tous les écrivains ici mentionnés n'appartiennent pas au *mainstream*, à l'écrasant tout-venant de la production littéraire américaine dominée par le best-seller, la *romance* plus ou moins adolescente, le flot légèrement nauséabond des fictions calibrées charriant les inévitables clichés politiquement corrects.

Après le 11-Septembre, la crise financière de 2008, les ravages de l'ouragan Katrina et des mégafeux, après la mainmise des *identity politics* (« politiques identitaires ») sur le débat démocratique, face à la recrudescence du trafic de drogue et des violences dues aux armes à feu, à quoi s'intéressent les écrivains d'outre-Atlantique ? Eh bien, à tout cela, et à plus encore.

La fiction de l'argent

Prenons *Trust*, le récent livre de Hernán Diaz, écrivain d'origine argentine et vivant à New York. À travers quatre portraits contradictoires d'un magnat de la finance dominant Wall Street dans les années 1920 et profitant même du krach de 1929, on y trouvera une brillante réflexion sur l'argent et la fiction. Spécialiste de Borges, Diaz s'interroge sur cette fiction particulière qu'est l'argent et sur l'indispensable confiance *(trust)* qui permet à la première comme au second d'exister, dans l'esprit du lecteur ou sur les places boursières. Si la confiance disparaît, si le mirage scriptural se dissipe, alors le lecteur ferme le roman et le Dow Jones s'effondre ; d'un côté, la fiction perd tout pouvoir et, de l'autre, l'argent, soudainement dévalué, réduit à presque rien, révèle son statut de fiction. Dans l'Amérique puritaine, nous dit Diaz, l'argent a un statut très particulier, que *Trust* est sûrement le premier roman à analyser d'aussi près : dès les premiers sermons adressés aux colons débarqués en Nouvelle-Angleterre au XVIIe siècle, la richesse matérielle est considérée comme une preuve de rectitude morale, le gage du statut d'Élu, donc un sujet de fierté ; mais en même temps – bienséance oblige –, il serait déplacé, honteux, de l'exhiber.

Ainsi, le milliardaire Andrew Bevel, le « *roi de Wall Street* », vit dans l'ombre, sans vie sociale, sauf celle qu'il concède et élabore lui-même comme un semblant, un paravent, un masque offert en pâture aux journalistes. Sa passion, en effet, n'est pas la possession de biens ostentatoires, mais le pouvoir démiurgique qu'il a de modifier la réalité : par exemple, il fait disparaître tous les exemplaires du roman écrit sur lui-même par un ami de son épouse, car l'auteur de cette fiction y brosse un portrait du double transparent de Bevel que celui-ci juge insupportable ; puis, tel le savant fou de Mary Shelley assemblant diverses parties de corps disparates pour créer Frankenstein, le milliardaire engage une jeune femme pour l'aider à rédiger son autobiographie fantasmée et idéalisée, fabriquant ainsi de toutes pièces la version fictionnelle et officielle de la vie « exemplaire » du magnat.

Subtilité borgésienne de *Trust* : le lecteur ébloui par tant de virtuosité fait lui-même l'expérience déstabilisante du doute qui mine peu à peu et non sans perversité la foi qu'il accordait d'abord, pour ainsi dire les yeux fermés, aux mots inscrits sur la page. Cette expérience se répète quatre fois, par des changements radicaux de point de vue, de style d'écriture, de narrateur ou de narratrice, proposant quatre portraits inconciliables du même personnage. L'une des beautés et des surprises du livre est l'arrivée progressive de Mildred, l'épouse de Bevel, sur le devant de la scène, tandis que son époux s'en éloigne vers les coulisses. Le lecteur comprend que cette femme admirable et discrète n'a été ni la passionaria romantique du premier récit rédigé par un romancier, ni l'épouse parfaite et soumise décrite par le vaniteux Bevel dans son autobiographie frelatée, mais une femme artiste, dont le journal révélateur et bouleversant contient l'ultime coup de théâtre et le dernier point de vue sur une insaisissable vérité[1].

---

1 - Hernán Diaz, *Trust*, trad. Nicolas Richard, Paris, L'Olivier, 2023. Voir aussi le compte rendu de Bénédicte Chesnelong dans *Esprit*, mars 2024.

Existences cadrées

Autre découverte récente, Brandon Taylor propose un réjouissant paradoxe : la description minutieuse et parfois agaçante d'un microcosme identitaire finit par outrepasser les limites mêmes de ce ghetto et débouche, comme par miracle, sur une humanité et un universalisme inattendus. Je m'explique : les deux romans de Taylor publiés sont des *campus novels*, des romans de campus, genre ignoré en France ; mais ce décor estudiantin, circonscrit dans l'espace comme dans le temps, a donné lieu à d'innombrables séries et fictions américaines, par exemple le deuxième roman de Bret Easton Ellis, *Les Lois de l'attraction* (1987). Si je parle de ghetto et de microcosme, c'est que *Les Derniers Américains* (2024) se présente comme un « *roman choral* » ; mais tous les membres de ladite chorale ou presque sont de jeunes Noirs gays étudiant en doctorat à Iowa City, une ville glauque – un abattoir, un centre de soins palliatifs, quelques *malls* et fast-foods[2]. Il y règne « *un froid glacial sous un ciel opaque éclairé comme un écran de cinéma vide* ». Ce ciel gris et l'écran de cinéma vide constituent aussi le climat mental du livre : il n'y a plus de film, plus de récit maître crédible, plus la moindre confiance en rien, plus d'idéologie ni de religion. Comme le dit l'un de ces jeunes désenchantés, « *on est des pédés sans dieu et notre monde n'a plus de thème central autour duquel s'articuler* ». *Bonjour tristesse*. Solitude et ennui. Restent l'argent – en avoir ou pas –, le sexe omniprésent, mécanique, machinal et machinique, et donc les corps. Brandon Taylor a un talent inouï pour les décrire : gestes, postures, douleurs, plaisirs, tics, passages à vide – au travail à l'abattoir, cuisinant au centre de soins palliatifs, corps dansant ou jouant au piano, faisant l'amour ou tournant une vidéo porno… Chaque corps est décrit comme un nœud de relations complexes où se mêlent sexualité, classe sociale, situation économique, politique, le collectif et l'individuel, les désirs et les besoins, ceux de l'individu et ceux projetés sur lui, les contraintes imposées de l'extérieur et les degrés de liberté dont il dispose, tout cela fluctuant selon le moment de la journée, la situation, l'entourage, l'humeur. Ce qui vaut pour les corps vaut aussi pour les esprits. Ainsi se forgent les identités selon Brandon Taylor, comme des agencements plus ou moins rigides ou plastiques, achevés ou bricolés, soumis à variations infimes ou spectaculaires.

---

2 - Brandon Taylor, *Les Derniers Américains*, trad. Héloïse Esquié, Paris, La croisée, 2024.

Comme dans *Trust*, la méthode choisie par l'auteur est le changement de point de vue permanent, le personnage principal de chaque chapitre devenant secondaire dans les autres. Ces focalisations successives sur des existences *cadrées* dans la forme comme dans le fond, ces blocs d'écriture attribués à des personnages confinés dans des cellules ou des cages métaphoriques presque similaires, suggèrent un univers carcéral. *« C'était comme vivre dans une exposition ou une maison de poupées, écrit Taylor. Il était tellement facile d'imaginer les mains d'un dieu gigantesque, indifférent, ouvrant la maison d'une pichenette pour les observer tandis qu'ils vaquaient à leurs occupations, sur leurs circuits, tels de petits automates dans une exposition intitulée* Les Derniers Américains. *»* Mais il n'y a pas de *« dieu gigantesque »* ni de narrateur omniscient, seulement des *« occupations »* et des *« circuits »* de *« petits automates »*. Le ciel est aussi vide que l'écran de cinéma entre deux séances, lesquelles ont été annulées. Comme l'énonce un *« automate »*, *« tout ce qu'on fait, c'est manger, dormir et baiser »*. Un autre lance ce cri du cœur : *« Regarde-moi, regarde-moi, regarde-moi – je suis important, pas vrai ? »* Il n'y a plus de film projeté sur l'écran, mais la pulsion scopique demeure et, à défaut du Grand Film d'autrefois, c'est le corps qui quémande le regard.

Tous ces jeunes hommes s'ennuient tant qu'à la fin, le lecteur se prend à bâiller face à ces répétitions et à ces interminables dialogues creux, un peu gnan-gnan, qu'on croirait copiés-collés d'une des fadaises à l'eau de rose de la collection Arlequin ; mais soudain, une notation d'une justesse à couper le souffle dissipe l'ennui et l'on se passionne à nouveau pour la maison de poupée et ses automates, Seamus, Bart, Stafford, Hartjes, Noah, Timo, Ivan, Fyodor (une allusion à Dostoïevski ?) ou Goran – presque interchangeables, mais pas tout à fait ; ce semblable, qui n'est pas l'identique, rappelle les premiers romans de Bret Easton Ellis, par exemple *Moins que zéro*. Le passage à l'âge adulte, sujet de tant de fictions américaines, semble ici particulièrement angoissant : certains ont conscience de vivre dans un cocon protégé et se demandent ce qui arrivera quand la bulle explosera et qu'ils devront se confronter à… la réalité ? Ils vivent, disent-ils, *« l'humide prologue amphibien de leur vie adulte »*.

La plupart de ces derniers Américains baignent en permanence dans une angoisse diffuse, surtout un poète en herbe, un pianiste, un danseur, un peintre : leur avenir est décidé, ils ont trouvé leur vocation, mais comment la concrétiser ? Comment *donner corps* à leur passion ? Sans doute parce qu'il est passé par là, Brandon Taylor excelle dans l'analyse fine et sensible de leurs émotions, doutes, inquiétudes, désirs. En définitive, à travers ses évocations de l'absurde, de la nausée, de l'ennui, Taylor invente ici une sorte d'existentialisme à l'américaine. Loin de se cantonner au ghetto sectoriel de jeunes étudiants noirs et gays en proposant une simple sociologie identitaire, il élabore une écriture très personnelle à la fois dans la conception globale du roman et dans l'analyse des personnages pour une visée ambitieuse, qui dépasse le cadre limité des études de genre, des politiques identitaires et des analyses post-coloniales : il veut comprendre, par la fiction, comment nos corps et nos pensées sont déterminés, façonnés, automatisés par notre environnement culturel, économique, social, sexuel, psychique, politique. Un adjectif manque dans cette liste : écologique – mais ce n'est apparemment pas le souci de Brandon Taylor, du moins pour l'instant.

Un mirage

Le dernier roman de Bret Easton Ellis, *Les Éclats*, est lui aussi hanté par le passage problématique à l'âge adulte, mais chez Ellis, il s'agit davantage de l'énigme du monde des adultes vu par un groupe plus jeune que celui des *Derniers Américains*[3]. Le personnage principal du roman de Bret Easton Ellis s'appelle Bret Easton Ellis, 17 ans en 1981. Il est en terminale dans un lycée privé et huppé de Los Angeles, ses amis sont tout aussi *young and rich and white*, et l'on retrouve l'univers de *Moins que zéro*, premier roman d'Ellis, publié en 1985 avec le succès de scandale qu'on sait, alors que l'auteur avait 21 ans. Derrière la façade lisse de ces jeunes privilégiés, derrière leur beauté tonitruante, leur bronzage parfait et leur uniforme impeccable d'école privée, il y a… rien. Oui, bien sûr, le sexe, la drogue, les virées à tombeau ouvert sur Mulholland Drive,

Le rien rôde en permanence, ronge la réalité, brouille jusqu'à la lumière du soleil californien.

les boîtes de nuit, la musique, les fringues de luxe, tout ce que l'argent peut acheter, mais – et c'est l'intuition douloureuse du jeune Bret dans *Les Éclats* – le rien rôde en permanence, ronge la réalité, brouille jusqu'à la lumière du soleil californien. Bret : « *Tout paraissait embaumé dans ce rêve dans lequel j'avais pénétré : […] les beaux élèves en uniforme étaient des robots, tout*

---

3 - Bret Easton Ellis, *Les Éclats*, trad. Pierre Guglielmina, Paris, Robert Laffont, coll. « Pavillons », 2023.

le monde disait un dialogue écrit à l'avance avec des voix étouffées ». Plus loin : *« Je jouais désormais une pantomime où je ne percevais plus que la frange des choses, […] les défauts de mon propre câblage. »* Ou encore : *« Je ne participais plus de façon tangible […] au monde extérieur. Plus rien ne semblait m'affecter. J'étais privé de sensation. »* Enfin : *« J'étais le garçon qui n'était pas là, le garçon qui rétrécissait. »* Le jeune Bret de 17 ans est déjà écrivain, il travaille à ce qui, quelques années plus tard, deviendra *Moins que zéro* ; contrairement à ses amis qui adhèrent, sans se poser de question, à la réalité qu'ils vivent, l'écrivain en herbe écrit à distance de son sujet pourtant si proche. Mais que se passe-t-il quand le sujet du roman en cours devient tout à coup la conviction viscérale de vivre dans un rêve embaumé, de jouer sans cesse une pantomime ? Et que se passe-t-il, un peu plus loin dans *Les Éclats*, quand le jeune Bret soudain paniqué se demande, comme si on lui avait violemment retiré le tapis de sous les pieds : *« Où était l'acteur qui adhérait à la pantomime ? »* Ellis nous fait admirablement sentir de l'intérieur le côté friable, précaire ou bancal, de cette réalité à la fois tapageuse et *floue*, son côté *Chevauchée sur le lac de Constance*, la hantise qu'à tout moment la mince couche de glace pourrait voler en éclats, précipiter au fond du lac tous ces acteurs, leurs accessoires et le décor avec.

Un autre ressort du roman – celui-ci tragico-burlesque – est la découverte, par le jeune Bret, de son homosexualité. Afin de conforter son statut social, il sort avec la fille la plus « canon » du lycée ; mais pour avoir une érection avec elle, il doit se fantasmer en compagnie du beau mec avec qui il vient de s'envoyer en l'air ! La vie cachée du jeune Bret, lui aussi *« pédé sans dieu »* comme les personnages de Brandon Taylor, est une orgie de sexe qu'en 1981 on ne disait pas encore *gay*, une débauche qui, à défaut d'accorder un sens à l'existence, donne au moins consistance au corps. Cette déconnexion entre le pénis et les fantasmes renforce évidemment la conviction d'être un robot jouant un nouveau rôle scabreux dans la pantomime en cours.

Les Éclats, c'est Joan Didion + Stephen King. Le jeune Bret avoue son admiration pour la première, l'écrivaine qui a sans doute su le mieux débusquer l'inconscient californien, l'impensé et les non-dits de cette culture de la « liberté » et des semblants. Rivalisant avec Didion, qu'il n'a jamais cessé d'admirer, Ellis réussit magnifiquement à évoquer à la fois le trop-plein de sensations visuelles et auditives de Los Angeles et le vide ou le silence insupportables que cette surenchère voudrait masquer. Par ailleurs, *Shining*, le film de Kubrick tiré du roman éponyme de Stephen King, est cité deux fois dans *Les Éclats*. Le jeune Bret lit beaucoup Stephen King. Hommage et clin d'œil, le Ellis des années 2020 construit son roman sur le canevas des fictions les plus horrifiques de King. Avec un sens consommé du suspense et de l'horreur gore, il ourdit une autre angoisse qui mine le jeune Bret, déjà terrifié par le *« rêve embaumé »* où il se débat : un tueur en série rôde dans la banlieue chic où vivent tous ces *« blousons dorés »*. D'une certaine manière, voilà enfin résolue l'énigme du monde adulte : le monde qui attend ces jeunes gens, l'échappatoire à la pantomime, a pour nom *The Trawler*, le tueur qui viole, torture et tue, puis agence des mises en scène aussi macabres que sophistiquées. La bulle *rich and young* va-t-elle voler en éclats pour propulser le jeune Bret et ses amis dans le monde réel avec pertes et fracas ? Ce sera un peu plus compliqué, plus sanglant en tout cas.

Les Éclats est un retour sur la scène du crime, une reprise de *Moins que zéro*, un approfondissement de ce qui avait seulement été ébauché dans ce premier roman : le rien qui contamine tout, l'angoisse qui monte et se mue en panique, le jeune écrivain qui se bat pour ne pas disparaître complètement, Los Angeles vu comme un mirage scintillant, quelques reflets, quelques éclats – tout cela réalisé avec une maîtrise, une honnêteté, une maturité impressionnantes.

Qui suis-je ?

Trust se passait à New York, *Les Derniers Américains* dans un *no man's land* du Middle West, *Les Éclats* à Los Angeles. Les fictions de Percival Everett se situent surtout dans l'esprit de Percival Everett. Le prolifique, le brillant, l'imprévisible Percival Everett, spécialiste du philosophe Wittgenstein, auteur d'une trentaine de romans tous différents, pour ne pas dire hétéroclites, ce qui serait inutilement désobligeant. Je prendrai deux exemples de ses talents multiformes : d'abord, son dernier livre publié aux États-Unis, *Dr. No* (2022), référence évidente au film de James Bond avec Sean Connery. Everett en propose une version décalée : Wala Kitu, un mathématicien noir, génial universitaire spécialiste du concept du rien – nous y revoilà… – est contacté par un milliardaire sans doute fou, décidé à faire le mal pour le mal et à s'emparer de Fort Knox, qui ne contient pas d'or, mais une arme de destruction massive : *« le rien »*. De réjouissantes péripéties s'ensuivent, mobilisant les thèmes préférés de l'auteur : le monde universitaire (Everett dirige un département de littérature en Californie), les médias, les jeux de langage, l'absurde roboratif, les dilemmes insolubles, les stéréotypes culturels, par exemple ceux définissant les Noirs. *Dr. No* coche toutes ces cases : mine de *rien*, derrière les facéties du pastiche, les reprises comiques de scènes de *007*, se dégagent des enjeux mathématiques, philosophiques ou existentiels autour de cette notion fascinante.

Dans *Effacement* (2004), l'un de ses romans les plus drôles et grinçants, Thelonious Monk Ellison – ainsi nommé d'après le célèbre pianiste et l'auteur de *L'Homme invisible* – est un universitaire doublé d'un écrivain frustré, car aucun de ses romans *« expérimentaux »* ne se vend[4]. Son agent lui dit que ses livres ne sonnent pas assez « Noir »… Furieux, il décide par provocation d'écrire sous pseudonyme un roman parodiant les clichés du parler noir populaire des ghettos. À sa grande surprise, *Putain* – titre choisi cyniquement par son agent – est un énorme succès de librairie ; Thelonious Monk Ellison devient riche et célèbre, mais sous le nom de Stagg Leigh, petit malfrat inculte des cités ! T. M. Ellison déclare au début du livre : *« Je ne crois pas à la race. Je crois qu'il y a des gens prêts à me descendre, me pendre, me rouler, me faire obstacle, parce que eux croient à la race, à cause de ma peau noire, de mes cheveux frisés, de mon nez épaté et de mes ancêtres esclaves. Mais c'est ainsi. »* L'universitaire sophistiqué s'est littéralement effacé, gommé, annulé, pour coller aux pires stéréotypes racistes, non par calcul, mais par colère et dérision. L'argent qui afflue soudain lui permet de s'occuper de sa mère souffrant d'Alzheimer. Ellison est invité sur les plateaux télé, puis *Putain* obtient l'équivalent américain du prix Goncourt même si Ellison, membre du jury, a voté contre ! Qui suis-je ? Question banale, mais ici passionnante : est-il Thelonious Monk Ellison, le membre des élites ? Ou Stagg Leigh, l'incarnation populaire de la misère noire stéréotypée, conforme à l'image d'origine, comme dans *Dr. No* ?

---

4 - Percival Everett, *Effacement*, trad. Anne-Laure Tissut, Arles, Actes Sud, 2004.

Écrire la nature

Depuis son premier roman, *Trois fermiers s'en vont au bal* (2004), Richard Powers ne cesse de nous surprendre par son ambition littéraire, son œuvre culminant sans doute dans le chef-d'œuvre qu'est *L'Arbre-Monde*[5]. Il faudrait évoquer ici tout un courant de la littérature américaine, qui trouve son origine dans le célèbre *Walden* (1854) de Thoreau, et qu'on appelle là-bas le *Nature Writing*, ces écrivains pour qui la nature et le non-humain constituent à la fois la source d'inspiration, le thème privilégié et la grande inquiétude. Citons Rick Bass, Aldo Leopold (*Almanach d'un comté des sables*, 1949), Peter Matthiessen (*Le Léopard des neiges*, 1978), et bien sûr Ron Rash qui, dans les monts Appalaches, développe une œuvre qu'on aurait tort de limiter au seul genre policier : quitte à la ranger dans un genre littéraire, ce serait plutôt vers la poésie tragique ou fantastique qu'il faudrait se tourner, tant son écriture et sa composition sont d'une précision et d'un raffinement qu'on rencontre rarement chez les auteurs de romans policiers. Comme dans *Par le vent pleuré* (2016), le surnaturel est parfois de la partie ou simplement suggéré par un prénom, Ligeia, qui rappelle Edgar Allan Poe, le voisin de Ron Rash en Virginie.

Revenons à Richard Powers et à ses *« fictions spéculatives »*. Powers construit des ponts inédits, audacieux, irréprochables du point de vue scientifique, entre le roman et une multitude de champs de connaissances qui, jusqu'à ses enquêtes et à l'exception notable des livres de Thomas Pynchon, restaient exclus de l'univers romanesque. Biologie, technologie, géopolitique, neurologie, intelligence artificielle, thérapies expérimentales, télépathie sont tour à tour les moteurs des drames et des merveilles imaginés par Powers. Les arbres communiquent entre eux, partagent des stratégies de survie, des humains échangent leurs pensées en silence, des enfants terrifiés par la crise écologique se révoltent et agissent avec des sortes de superpouvoirs… De plus en plus, Powers met ses immenses talents d'écrivain, son lyrisme, son empathie, son amour de la langue au service d'une cause : l'avenir incertain de notre

---

5 - Richard Powers, *L'Arbre-Monde*, trad. Serge Chauvin, Paris, Cherche midi, 2018.

planète. Reconnaissons que l'exceptionnelle puissance de son écriture lui permet, jusqu'ici, d'éviter l'écueil des bons sentiments.

———

J'aurais aimé parler des étranges autofictions de Ben Lerner ou de Kate Zambreno, de l'œuvre déjà considérable de William T. Vollmann, évoquer aussi le magnifique *Un livre de martyrs américains* de Joyce Carol Oates : un médecin pratiquant des avortements dans l'Ohio et son assassin, un *« soldat de Dieu »*, bénéficient de la même attention compassionnelle de l'autrice[6]. Dans ce roman et lors d'entretiens, J. C. Oates souligne la profonde polarisation de tous les aspects de la vie américaine. D'un côté, il y a les partisans de *« l'autonomie de la femme »*, qui défendent aussi le droit à l'avortement, les institutions démocratiques, la laïcité, l'égalité des sexes et l'humanisme. À l'opposé, l'autre camp prône *« l'autonomie du fœtus »*, ainsi que la peine de mort, la chrétienté, les armes à feu, la suprématie blanche, la soumission de la femme. Je laisse le dernier mot à l'autrice de ce livre majeur pour comprendre les États-Désunis d'aujourd'hui : *« "Vous vouliez savoir ce qui divise la société américaine ?" demande-t-elle à son interviewer. "Voilà ce qui la divise. Et je ne sais absolument pas comment tout cela va se terminer…" »*

---

6 - Joyce Carol Oates, *Un livre de martyrs américains*, trad. Claude Seban, Paris, Philippe Rey, 2019.

Dans le techno-cocon

Nicolas Léger

Un visiteur assiste à un spectacle stupéfiant : dans les rues de San Francisco, des hommes et des femmes errent, tels des zombies, courbés sous les effets du Fentanyl. Cette drogue a changé les rues et la vie des habitants de Tenderloin ; pourtant, non loin de là, trône le siège de Twitter, à quelques kilomètres seulement du gigantesque *Ring* d'Apple. Cette scène, semblant surgir d'une dystopie, est racontée par Alain Damasio, dans l'une des chroniques de son essai *Vallée du silicium*. Le décor est donc celui de la Silicon Valley, matrice culturelle et technologique, avant-garde du monde contemporain. Pourtant, cette région américaine est aussi le lieu d'un paradoxe et d'un retournement : terre promise de l'émancipation et des utopies libertaires, elle est devenue le creuset de l'aliénation et d'une certaine déshumanisation. Damasio dresse une généalogie et engage une méditation sur cette promesse trahie en parcourant les rues, rencontrant les acteurs de cette cité d'un nouveau genre. Ainsi le spectacle tragique de Tenderloin, enfer au cœur de l'oasis *high tech*, sidère-t-il l'auteur : « *Comment peut-on adosser, accoler presque la richesse la plus obscène à la pauvreté la plus féroce ? Comment l'immeuble de Twitter peut-il rester debout à deux cents mètres de là et ne pas être pillé sous l'insurrection de militants ou s'écrouler sous une attaque de drogués zombies à la World War Z, enfin réunis dans la conscience commune de leur état ?* » Sa réponse sous forme d'hypothèse est implacable : la Silicon Valley est le lieu même de la disparition du « *lien* », ou plutôt de sa désagrégation progressive. Cette disparition est à ses yeux la conséquence, si ce n'est le dommage collatéral, des nouvelles technologies et des bouleversements anthropologiques qu'elles induisent. Elles-mêmes sont issues d'un trait culturel américain : « *La Silicon Valley nous offre un monde américain, quoi qu'on en pense. Rien d'universel en vérité. Elle répond à une culture relationnelle qui ne part jamais du collectif, comme en Asie ou en Afrique pour prendre des exemples sommaires, seulement de l'individu en tant qu'atome et centre de son monde, dont il va bien falloir, ensuite, penser les relations possibles avec les autres (le câblage).* »

En effet, le modèle des communautés a prévalu pour penser celui des réseaux : les individus y sont devenus des points nodaux, des pôles interconnectés par l'interface des réseaux sociaux. Mais dans le même temps, le lien empathique, humain, s'est désagrégé au profit de l'interaction et de la réaction. Ce qui rendait possible la cohabitation des communautés multiculturelles s'est étiolé : la fréquentation des espaces communs de vie et de sociabilité ou encore la vie démocratique en ce qu'elle permet une conflictualité régulée et pacifiée.

La cybernétique, dans son ambition hégémonique, a favorisé une conception réductrice du sujet : ce dernier est un ensemble de données et d'informations aux prises avec un algorithme. Ses manières de sentir, de parler, d'éprouver, d'aimer, de rencontrer ou de s'informer passent désormais par des interfaces et des canaux conçus et élaborés en Californie. En s'appropriant et en étendant l'idée américaine de communauté, la cybernétique et la techno-industrie l'ont donc vidée de sa substance. En d'autres termes, le *melting-pot* est empêché et le *patchwork* américain se détricote sous les coups d'accélérateur des nouvelles technologies qui s'en sont inspirées : « *les GAFAM n'ont pas tué les liens, ils les ont absentés* », écrit Damasio. Les « communautés » Facebook, WhatsApp, Instagram et Twitter, se dispensant de ce qui vitalise les liens sociaux dans leur matérialité, ont contribué à l'isolement et favorisé le consumérisme. Or la tragédie contemporaine de l'Amérique est que « *la seule unité collective (hors famille) qui a permis à ces individus de ne pas finir atomisés a été et reste la communauté. Communautés de voisinage, de quartier, parfois réunies autour d'une église ou d'une école, communautés agrégées par ethnie, par langue, par culture, par préférence genrée, par statut. Communautés que les réseaux sociaux, ironiquement, ont finalement copiées et reproduites parce qu'elles étaient le seul modèle de lien acculturé aux États-Unis.* » C'est précisément l'isolement, le recul et la distanciation de ses communautés et leurs solidarités originelles par les interfaces de la Silicon Valley qui mettent à nu la fragilité de la nation américaine.

Ce que montre Damasio, c'est le triomphe de ce qu'il nomme le « *techno-cocon* ». Ces bulles tissées de confort, d'efficacité et de fluidité enveloppent les individus et les dispensent de se confronter au dehors et à l'altérité : « *On n'arrive plus à grimper vers l'autre. Plutôt que de s'exposer, on se juxtapose en interposant l'interface entre nous.* » Dehors et altérité sont alors perçus comme des contraintes, des obstacles, à contourner ou à abolir. Nombre d'exemples récents semblent donner raison à Damasio sur ce point : une simple fréquentation d'un fil Twitter ou l'explosion des livraisons Deliveroo à domicile en attestent. La sociologie de la Silicon Valley et ses modes de vie irriguent ces produits. L'auteur rappelle non sans humour qu'Elon Musk ou Mark Zuckerberg et leurs épigones ne se distinguent pas par leur sociabilité extravertie : « *En réalité les leaders siliconés vendent un unique produit : leur futur. Et ils nous le markètent à l'échelle mondiale. C'est leur propre économie de désirs qu'ils nous font investir. Ils façonnent un monde à leur image, obnubilé par la performance qui privilégiera toujours l'interface au face-à-face.* »

Cette culture « *sans lien* » mais de l'interconnexion étend sans cesse son domaine et traverse tous les pans de l'*American way of life*. Au pays de la voiture et de sa quasi-divinisation, l'avenir dessiné par nombre d'entreprises de la Silicon Valley est celui de la « voiture autonome », version motorisée de ces « *techno-cocons* ». Cet exemple est symptomatique à bien des égards. La volonté de maîtrise et d'efficacité est synonyme de rejet et de peur de l'imprévu, de l'obstacle, jusqu'à la disparition… du conducteur lui-même. La délégation à l'algorithme répond à une double attente : rendre l'individu toujours plus disponible à la captation de son attention et contrôler, rationaliser la mobilité. Les chauffeurs Uber d'aujourd'hui, à ce titre, ne sont qu'une phase intermédiaire de cette évolution : leur vocation est en réalité de récolter les données de leurs prestations et trajets afin d'entraîner les algorithmes. Ceux-là mêmes qui géreront de futurs véhicules autonomes. La prolétarisation n'est qu'une étape avant la disparition de cet impondérable qu'est l'agent humain. Appauvrissement et aseptisation des vies humaines ont supplanté les promesses d'émancipation et d'enrichissement relationnel par la technologie.

L'enfer est pavé de bonnes intentions. En tant qu'auteur de science-fiction, Alain Damasio est le mieux placé pour cerner ce paradoxe d'utopies enfantant une société appauvrie et déshumanisée. Les promesses et les avertissements de la science-fiction ont été trahis par ceux qui y ont cru et y ont puisé leurs inspirations. Les sirènes du confort, de l'individualisme, du sentiment d'omnipotence ont mené à un asservissement technologique aux origines pourtant très humaines. Damasio est ancré dans une culture américaine et traversé de récits et de mythologies multiples. Pourtant, l'auteur évite l'écueil d'une techno-critique stérile dans cette réflexion portée par une prose et une poétique éclairantes. Au cœur de la matrice d'un présent et d'un avenir fascinants et pour le moins inquiétants, il rencontre des hommes et des femmes se distinguant par leur pugnacité et leur acuité. Nous y croisons un chercheur élaborant des *bots* pour contrer l'intoxication informationnelle et maintenir des possibles démocratiques à l'ère de l'intelligence artificielle, ou une artiste militante créant une fresque participative mettant à contribution les résidents locaux et révélant leurs aspirations simples et humaines alors que le désert gagne. Des potagers urbains et communs, comme des péninsules, réconfortent l'auteur. Car l'écrivain le rappelle dans un chapitre conclusif : une guerre a cours, celle des imaginaires. Si certaines batailles semblent s'être jouées à notre insu, celle d'une élaboration de technologies aux finalités autres que consuméristes est primordiale. Elle passe par l'invention d'une *convivialité* : sans elle, les artefacts numériques achèveront d'écraser nos singularités.

Vallée du silicium
Alain Damasio
Seuil, 2024, 336 p., 20 €

La bataille de l'avortement

L'éthique du *care* et la démocratie américaine

Fabienne Brugère

Les luttes pour l'interruption volontaire de grossesse forment, en ce premier quart du XXIᵉ siècle, un champ de bataille mondialisé entre traditionalistes et modernistes. Dans cette géopolitique de l'avortement, c'est aux États-Unis que la divergence entre les partisans de la famille traditionnelle et les défenseurs des droits des femmes est la plus forte. Un recul historique du droit à l'avortement s'y est produit par une décision de la Cour suprême de juin 2022 *(Dobbs v. Jackson Women's Health Organization)*, qui élimine la protection constitutionnelle fédérale pour l'accès à l'avortement. L'arrêt *Roe v. Wade* de 1973, qui garantissait aux femmes le droit d'avorter dans l'ensemble du pays, a ainsi été annulé : désormais, chaque État fédéré est libre d'autoriser ou non l'avortement.

Comment analyser cette situation qui crée surtout des difficultés pour les femmes pauvres, de couleur et mal informées, endoctrinées par des communautés qui veulent les rendre invisibles ? La droite religieuse n'a jamais accepté l'interruption volontaire de grossesse et n'a jamais cessé de s'y opposer. La série *Mrs America* (2020) de Dahvi Waller suit le combat féministe dans les années 1970 pour faire adopter l'*Equal Rights Amendment*, cet amendement à la Constitution qui garantirait une égalité entre les sexes qu'aucune législation fédérale, des États ou locale ne pourrait remettre en cause. Tout bascule à cause d'une militante conservatrice du Missouri, Phyllis Schlafly, qui n'en veut pas. Dès les années 1970, l'avortement est donc un champ de bataille qui manifeste une fragmentation de la société et une bipolarisation de la vie politique américaine. Les individus s'affrontent à son sujet en mélangeant vie privée et vie publique, activisme et politique institutionnelle, jusqu'à ces groupes anti-avortement qui se croient investis par Dieu.

Pourtant, ces vingt-cinq dernières années, plus de cinquante pays ont modifié leur législation pour faciliter l'accès à l'avortement, reconnaissant son rôle pour la protection de la vie, de la santé et des droits fondamentaux des femmes. Certes, il existe un « retour du bâton » conservateur transnational qui, en réaction aux formidables avancées obtenues par le mouvement de libération des femmes dans les années 1970, prône le retour à une société fondée sur les valeurs familiales, le patriarcat et le cantonnement des femmes à la vie domestique[1]. Mais il existe une singularité des États-Unis qui tient au rapport de l'individu à la politique et aux groupes sociaux, à des formes de militantisme et de lobbyisme qui concernent autant les conservateurs que les progressistes. Ainsi, un recul des libertés peut se pratiquer au nom de la liberté ; une décision en phase avec les institutions du pays peut être prise contre la majorité ou les plus vulnérables. Comment des micro-pouvoirs s'organisent-il pour faire passer des « décisions » de la Cour suprême sur l'avortement ? Qui décide en dernier ressort ? Peut-on évoquer une décision légitime et démocratique quand des femmes enceintes sont criminalisées, poussées dans la clandestinité et quand leur puissance de décider est niée ? Que reste-t-il de la *« revendication fondamentale de tout sujet qui se pose comme l'essentiel*[2] *»* quand le corps reproductif fait l'objet d'un contrôle politique patriarcal ?

Un champ de bataille

Kant évoque le champ de bataille de la métaphysique où s'empoignent dogmatiques et sceptiques quant à la possibilité d'une connaissance des choses en soi. De la même manière, l'avortement constitue un champ de bataille politique aux États-Unis, où s'affrontent les partisans d'une vie sans condition, absolue et essentialisée *(pro-life)* et les partisans d'une vie sous conditions, humaine et sociale *(pro-choice)*.

---

1 - Voir Susan C. Faludi, *Backlash. La guerre froide contre les femmes* [1991], trad. Lise-Éliane Pommier, Évelyne Châtelain et Thérèse Réveillé, Paris, Éditions *des femmes*-Antoinette Fouque, 1993.
2 - Simone de Beauvoir, *Le Deuxième Sexe*, t. I, *Les Faits et les mythes* [1949], Paris, Gallimard, coll. « Folio essais », 1986, p. 34.

Joyce Carol Oates, dans une de ses fresques sans pareil de l'Amérique, décrit, dans une petite ville de l'Ohio, le parcours d'un *« soldat de Dieu »* qui tire sur l'un des *« médecins avorteurs »* de l'hôpital. L'acte meurtrier montre une société irréconciliable entre ceux qui se croient conduits par la main de Dieu et ceux qui font leur métier dans une démocratie attachée aux droits des femmes[3].

On peut faire le diagnostic d'une longue et croissante dislocation entre les élites et le peuple, alors même que les populistes exploitent le ressentiment généralisé des partis politiques traditionnels, devenus inaptes à transformer le pays. L'assaut du Capitole, en janvier 2021, a démontré les fractures profondes de la société américaine entre les partisans de la démocratie libérale (qui acceptent le résultat de l'élection présidentielle) et les promoteurs d'une vision « illibérale » de la communauté politique (et qui prônent le maintien au pouvoir coûte que coûte). L'illibéralisme est l'idéologie de droite qui estime que le libéralisme, le projet politique centré sur la liberté individuelle et les droits humains, produit du désordre et un manque d'autorité. Une légitimité populaire (obtenue dans les urnes) et des tendances antidémocratiques (dont la réduction des droits de l'opposition) privilégient une situation où l'indépendance de la justice est malmenée, les citoyens ne bénéficiant pas d'un traitement égalitaire face à la loi, ni de protections suffisantes face à l'État ou à des acteurs privés[4] ; certaines valeurs sont imposées, d'autres décriées (dont le droit à l'avortement). Ce phénomène peut faire surgir des groupes sociaux qui n'hésitent pas à utiliser la violence quand elle leur paraît nécessaire pour leur maintien au pouvoir, souvent au nom de valeurs conservatrices instrumentalisées. La fragmentation de la société américaine se reconnaît à la bataille que se livrent des groupes politiques pour imposer leur mode de vie, leur conception de la société avec les intérêts qui y sont associés et, malgré les drames humains, les morts qui peuvent en découler (le libre port d'armes).

Ainsi, les femmes, par la limitation du droit à l'avortement, ne bénéficient pas d'un traitement égalitaire devant la loi. Cette inégalité leur est imposée par tous les moyens, y compris la violence des activistes *pro-life*, souvent religieux, contre le personnel médical qui pratique des

3 - Joyce Carol Oates, *Un livre de martyrs américains* [2017], trad. Claude Seban, Paris, Philippe Rey, 2019.
4 - Voir Michaël Fœssel, « La "démocratie illibérale" n'existe pas » [en ligne], *AOC*, 5 mars 2018.

avortements. Mais les affrontements pour ou contre l'avortement manifestent aussi une bipolarisation bruyante de la vie politique, parfois à la limite de la guerre civile. D'un côté, la famille traditionnelle est défendue comme une institution menacée, un ordre à restaurer ; de l'autre, la liberté sexuelle, la fluidité du genre, les différentes formes de famille mais aussi l'égalité sont à la pointe des combats en faveur d'une démocratie pluraliste.

Politiser la grossesse

Comment la décision *Dobbs* de la Cour suprême s'est-elle construite ? D'une certaine manière, il s'agit bien d'une décision pour la collectivité, qui représente l'État fédéral et annonce son désengagement dans la défense des droits reproductifs. Mais cette décision empêche celle d'interrompre ou non sa grossesse.

Certes, le droit à l'avortement est très dispersé, mais on observe un Sud majoritairement restrictif[5], où les militants conservateurs s'appuient sur une base religieuse pour diffuser l'idée qu'un fœtus est porteur d'une vie dès son premier battement de cœur et que cette dernière doit être préservée à tout prix. Ces restrictions s'opèrent toutefois dans le cadre antidémocratique et patriarcal de l'infériorisation des femmes : les femmes enceintes sont criminalisées, dans la mesure où elles ne sont pas considérées comme des sujets capables de décider par elles-mêmes au même titre que les hommes. Cette criminalisation tient dans un contrôle exercé sur les corps des femmes, afin de les empêcher de dévier de leur finalité reproductrice. Plus encore, les femmes doivent se montrer « responsables » et préserver la vie qui est en elles[6]. Interrogé sur une loi anti-avortement adoptée par l'Oklahoma en 2021, le représentant républicain Jim Olsen a exprimé sa préoccupation pour les *« bébés innocents »*, considérant que la lutte contre l'avortement était plus importante que l'abolition de l'esclavage.

5 - Voir "Interactive map: US abortion policies and access after Roe" [en ligne], *Guttmacher Institute*, 7 juin 2024.
6 - Voir Michele Goodwin, *Policing the Womb: Invisible Women and the Criminalization of Motherhood*, Cambridge, Cambridge University Press, 2020.

Quelques mois plus tard, le *New York Times* établit une corrélation entre les États anti-avortement et les taux les plus élevés de décès maternels dus à des complications pendant la grossesse, ainsi que les taux les plus élevés de fausses couches, de mortalité infantile et de mauvaise santé maternelle et néonatale[7]. Pour les politiciens anti-avortement, cela ne semble pas constituer un problème de santé publique. Ce qui leur importe avant tout est la responsabilité des femmes et l'orientation de leur sexualité vers la reproduction.

Le contrôle des hommes sur le corps des femmes a-t-il son origine dans la peur de la sexualité féminine, ce *« continent noir »* selon Freud, à jamais mystérieuse et subtile ? Le patriarcat, système de domination des hommes sur les femmes, considère que la vraie sexualité est masculine et que les femmes devraient la satisfaire, sous la violence si elles refusent. Le corps enceint risque toujours d'échapper au contrôle et de devenir le lieu d'une propriété des femmes. C'est cela qu'il faut conjurer : la pénalisation de l'avortement n'est pas une reconnaissance de la grossesse, mais sa mise sous tutelle sociale. Le droit à l'avortement ne

La pénalisation de l'avortement n'est pas une reconnaissance de la grossesse, mais sa mise sous tutelle sociale.

peut être disjoint de la libération sexuelle : il s'agit de la décision de ne plus se prêter à l'exploitation sexuelle du corps des femmes. Pour les féministes des années 1970, *« il était clair qu'il ne pourrait y avoir de véritable libération sexuelle pour les femmes et les hommes sans des contraceptifs meilleurs et plus sûrs – sans le droit à l'avortement sûr et légal*[8] *».* Le corps féminin n'est pas que reproductif : il s'affirme dans un projet féministe qui revendique différentes formes d'émancipation.

Rappeler que certaines grossesses non désirées résultent d'un déséquilibre des pouvoirs, de la coercition ou d'une agression sexuelle est une manière de signaler combien le plaisir sexuel des femmes est empêché et combien le droit à l'avortement participe d'une appropriation du corps des femmes par elles-mêmes, contre toute forme de violence sexuelle. Les femmes, comme l'affirme bell hooks, ont droit au plaisir sexuel

---

7 - Emily Badger, Margot Sanger-Katz et Claire Cain Miller, "States with abortion bans are among least supportive for mothers and children", *The New York Times*, 28 juillet 2022.
8 - bell hooks, *Tout le monde peut être féministe* [2000], trad. Alex Taillard, Quimperlé, Divergences, 2020, p. 45.

comme les hommes. Le droit à l'avortement autorise cette possibilité du plaisir et, plus généralement, une liberté du sujet-femme.

Les voix des femmes

Le droit à un avortement sûr et gratuit n'est pas l'obsession d'un féminisme blanc de la classe moyenne. Les organisations anti-avortement aux États-Unis ont pernicieusement attaqué les avortements financés par l'État, qui sont peu coûteux pour les femmes dans le besoin : « *Par conséquent, les femmes de toute race qui bénéficient d'un privilège de classe continuent d'avoir accès à des avortements sûrs — elles continuent d'avoir le droit de choisir — alors que les femmes matériellement défavorisées sont livrées à elles-mêmes. Dès lors qu'il n'y a plus de financement public disponible pour les soins liés aux droits reproductifs, beaucoup de femmes pauvres et de la classe ouvrière perdent leur accès à l'avortement*[9]. »

Faire entendre la voix des femmes prend alors un tour démocratique contre toutes les formes de conservatisme. Dès les années 1980, Carol Gilligan avait bien compris combien l'interruption volontaire de grossesse devait être liée à la possibilité pour les femmes de construire une décision d'avorter dans le cadre d'une écoute politique et démocratique. À l'occasion d'une situation difficile pour les femmes peut se jouer une expérience de la responsabilité à l'égard d'autrui et une vérité du *care* comme souci des autres[10].

Dans le cas de l'interruption volontaire de grossesse, les femmes doivent pouvoir prendre leur décision dans la conscience de leur situation propre, en laissant de côté l'égoïsme des besoins tout comme la vision conventionnelle de la « bonté » des femmes prêtes à se sacrifier. Pour beaucoup, avorter, c'est renier cette féminité maternelle imposée, qui est injonction au souci des autres. Gilligan réalise alors des entretiens pour aider les femmes à sortir de cette féminité imposée et faire entrer leur décision dans un questionnement éthique qui doit devenir féministe : comment vais-je mener ma vie ? Les femmes doivent alors rapporter leur décision d'avorter à une expertise de la situation, avec ses vulnérabilités et ses interdépendances, qui fait l'objet d'un récit de soi. Contre

9 - *Ibid.*, p. 48.
10 - Voir Fabienne Brugère, *L'Éthique du « care »*, Paris, Presses universitaires de France, coll. « Que sais-je ? », 2017, p. 20-25.

le piège ancestral et moralisateur de l'abnégation de soi, l'éthique du *care* déploie une vérité pratique, qui exprime de manière performative le sujet féminin. En faisant coïncider sens des responsabilités et attention aux autres, elle se conforme à une *« éthique du bien-être d'autrui* [11] *»* fondée sur l'interdépendance.

La perspective de Gilligan permet donc non seulement de mettre de côté les stéréotypes conservateurs d'une maternité obligatoire, mais aussi d'ouvrir un chemin vers la prise de décision en société – éventuellement avec un soutien clinique, le moins normatif possible. Les femmes redeviennent alors responsables de leur existence, des sujets éthiques aptes à décider par l'écoute de leur voix et la considération de leur situation. L'éthique du *care* invite ainsi la démocratie américaine à refonder l'attention aux autres dans un monde interdépendant.

———

Dans cette critique du patriarcat, la question de l'avortement insiste sur la nécessité de donner la parole à toutes celles et ceux qui forment les armées de l'ombre des donneurs de soin, acteurs injustement oubliés du monde capitaliste. L'éthique du *care* est profondément démocratique, car elle est attachée à la promotion de la pluralité des voix de résistance aux hiérarchies de genre dans les sociétés de marché [12]. Entendre les voix des dominé(e)s favorise l'entraide et la solidarité sociale. Le droit à l'avortement est donc bien une question politique aux États-Unis : sa défense relève d'une démocratie attachée à une égalité d'écoute et de reconnaissance des sujets politiques, quelle que soit leur situation et quel que soit leur sexe.

---

11 - Carol Gilligan, *Une voix différente. La morale a-t-elle un sexe ?* [1982], trad. Annick Kwiatek révisée par Vanessa Nurock, présentation de Sandra Laugier et Patricia Paperman, précédé d'un entretien avec Fabienne Brugère, Paris, Flammarion, coll. « Champs essais », 2019, p. 123.
12 - Voir C. Gilligan, « *Une voix différente*. Un regard prospectif à partir du passé », dans Vanessa Nurock (sous la dir. de), *Carol Gilligan et l'éthique du* care, Paris, Presses universitaires de France, coll. « Débats philosophiques », 2010, p. 19-38.

Varia

Comprendre l'histoire juive de la France

Marc Olivier Baruch, Martine Cohen, Julien Darmon et Paul Zawadzki

Le lancement de l'Histoire juive de la France[1] en octobre 2023 a coïncidé, à quelques jours près, avec les assassinats de 1 200 Juifs (hommes, femmes et enfants) près de la bande de Gaza, par des membres du Hamas, le 7 octobre. Ces massacres ne pouvaient que rappeler aux Juifs de France, d'Europe et du monde entier, et aussi à des non-Juifs, l'horreur des pogroms de leur histoire. Il faudra certainement ajouter un chapitre à l'Histoire juive de la France, d'autant plus que M. Netanyahou, dont les responsabilités politiques dans ces événements sont énormes, a entrepris une guerre d'extermination du Hamas qui s'accompagne d'un nombre considérable de victimes civiles et de souffrances indicibles pour la population de Gaza (là aussi, hommes, femmes et enfants confondus). À son tour, cette guerre a des répercussions dans le monde (les plus notables étant la recrudescence de l'anti-sémitisme et la protestation étudiante). Cette table ronde a eu lieu en décembre 2023. Elle s'en tient pour l'essentiel à ce que cette encyclopédie, neuve dans son contenu et sa méthode, donne à comprendre sur la place des Juifs dans la construction de la France.

Pour quelle raison avez-vous souhaité intituler l'ouvrage que vous avez dirigé Histoire juive de la France ?

Julien Darmon – Nous avions la volonté de faire de ce livre non seulement un objet d'érudition, mais aussi un outil citoyen, donnant au lecteur une vision sur la longue durée de la présence juive en France et invitant nos contributeurs, spécialistes dans leur domaine, à sortir de

1 - Sylvie Anne Goldberg (sous la dir. de), *Histoire juive de la France*, Paris, Albin Michel, 2023.

leur zone de confort, à porter un regard nouveau sur leurs recherches et à conduire leur réflexion vers une dimension plus large ou plus globale. Ce titre est une manière de déplacer le questionnement : l'histoire de France serait problématisée à travers le prisme juif, pas seulement quant à la religion et au statut juifs, mais au niveau de tout ce que le mot « juif » peut réveiller de complexité dans l'histoire de France. L'idée était d'en faire l'une des clés permettant de repenser la construction du pouvoir royal, l'identité nationale, la culture (chrétienne et laïque), la question des minorités, etc. Le principe directeur de Sylvie Anne Goldberg était le suivant : cette histoire juive de la France ne concerne pas seulement la France, elle a des répercussions sur l'histoire des Juifs dans le monde et plus généralement sur l'histoire du monde.

Que retenez-vous, en tant qu'historiens et sociologues, de ce travail ? Quelle est sa nouveauté ?

Martine Cohen – À partir de la perspective sociologique qui est la mienne, me demande si on ne rejoint pas ici une approche historiographique assez récente, qui vise à prendre en compte d'une façon « inclusive » la pluralité des composantes dans l'histoire de France ? Ce serait une nouveauté dans l'historiographie habituelle des Juifs de France par rapport au républicanisme classique de la plupart des auteurs : la chose est assumée clairement.

J. Darmon – Dans un article où elle revient sur sa carrière, Sylvie Anne Goldberg écrit qu'au début de sa vie universitaire, les études juives en France et de France n'existaient pas comme un champ académique autonome[2]. L'arrivée des *studies* américaines, avec tout ce que cela comportait de résistances, a constitué un réel apport dans l'approfondissement de l'étude des minorités, mais il fallait en même temps, pour le livre, éviter l'écueil d'une histoire ghettoïsée. Nous ne faisons pas l'histoire d'une minorité en France, mais une histoire de France, en montrant comment la focale sur une minorité permet d'éclairer cette histoire nationale. Par exemple, on parle souvent de juridiction ou de ségrégation entre juifs et chrétiens au Moyen Âge : déjà chez les Mérovingiens, on

---

2 - S. A. Goldberg, « *Nisht ha-in, nisht ha-her* (ni d'ici, ni d'ailleurs) », *Archives juives*, vol. 56, n° 2, 2ᵉ semestre 2023, p. 45-62.

voit des interdictions très précoces. Les édits du pouvoir royal ou ecclésiastique fournissent l'histoire de cette ségrégation. Mais en changeant de focale, on remarque que si ces interdits ont dû être répétés tous les cinquante ans, c'est bien parce qu'ils n'étaient pas très respectés dans les faits par le peuple ! Nous sommes donc sortis de l'histoire verticale de l'exercice du pouvoir pour aller vers une histoire des peuples, ou une histoire populaire, ce qui constitue un apport à l'histoire de France en général : une histoire non seulement politique, mais aussi sociale, culturelle et interculturelle. On revient de la sorte à l'histoire sociale ; mais la nouveauté de ce travail, c'est aussi l'obligation de resserrer nos connaissances et nos analyses en les ramenant à mille pages. C'est, pour moi, ce qu'il y a de plus neuf dans ce projet.

Paul Zawadzki – Dans une perspective comparative Est-Ouest, on peut observer un contraste complet entre les trajectoires des Juifs de France et ceux d'Europe de l'Est, pour lesquels il n'y a jamais eu de statut de citoyenneté. Si l'on voulait faire un travail identique pour ces derniers, structuré par l'idée d'une histoire commune, ce serait plus difficile.

M. Cohen – Promouvoir une histoire de la présence très ancienne des Juifs en France, c'est affirmer qu'ils ont, eux aussi, contribué à l'histoire de ce pays, ou encore soutenir l'idée qu'on pourrait parler d'un franco-judaïsme avant l'émancipation de 1791, l'acte fondateur communément admis du franco-judaïsme.

J. Darmon – L'histoire longue de l'identité française des Juifs en France était induite par le titre, même s'il n'est pas évident de parler d'histoire de France pour l'histoire mérovingienne, carolingienne et même capétienne. Nous montrons que les Juifs émancipés à la Révolution française ne sont pas ceux qui ont été expulsés en 1394. Ce ne sont pas les mêmes communautés, ni la même histoire, que celles des Juifs qui sont venus en France plus tard, ou se sont incorporés à elle encore plus tard, au moment de l'expansion coloniale.

Le XIXᵉ siècle est aussi le siècle où apparaît l'antisémitisme moderne, qui culmine avec l'affaire Dreyfus. Pourtant, les Juifs s'intègrent à la société, et on observe le commencement d'un « franco-judaïsme », où l'école joue un rôle émancipateur. Faut-il en conclure que l'antisémitisme vient de la réussite de l'intégration ?

J. Darmon – L'antisémitisme est, entre autres, lié à l'idée du Juif comme ferment d'une modernité excessive, facteur de désagrégation sociale en raison d'un esprit analytique poussé jusqu'à l'extrême. On emploie, pour exprimer la chose, la métaphore de l'huile et de l'eau, qui postule que les Juifs sont en réalité inassimilables.

M. Cohen – Le XIXᵉ siècle est aussi la période de l'expansion coloniale, où s'affirme une certaine vision de la France comme bastion de la civilisation, appelé à répandre ses lumières universelles. Les Juifs ont longtemps été l'autre de la chrétienté, mais il peut être intéressant de relier la question de l'autre juif à celle des populations extra-européennes colonisées.

P. Zawadzki – Sur cette question de l'autre, il y a un dilemme bien connu des analystes du racisme : parle-t-on de déni d'identité ou de déni d'humanité ? Le nouvel antisémitisme nationaliste qui se développe à partir de la fin du XIXᵉ siècle trouve intolérable d'accorder aux Juifs la plénitude de leurs droits de citoyens. Ce qu'il leur refuse passionnément, c'est l'universalité des droits plutôt que la particularité identitaire. Cet antisémitisme aspire à recomposer de la différence, précisément là où la visibilité de la différence semblait disparaître avec l'accès à la citoyenneté et l'assimilation. Quand les Juifs s'intègrent, ils entrent dans les institutions politiques, jusqu'au cœur du pouvoir. À cette pleine participation à la citoyenneté républicaine, le nationalisme oppose réactivement une légitimité politique verticale, ethnique, originaire. Vichy en est l'expression. Et il n'y a qu'en France que l'affaire Dreyfus était possible, car c'est le seul pays où l'on pouvait trouver des Juifs dans la hiérarchie militaire.

J. Darmon – Au XIXᵉ siècle, les Juifs ne veulent pas devenir invisibles par l'assimilation, mais s'affirmer comme Juifs et, en même temps, s'intégrer comme citoyens. Ils ne cachent pas leur judéité, mais s'affirment comme citoyens français, sans manifester de différences particulières : parmi eux, il y a des blonds, des roux, des militaires, des brigands, des artisans… En Algérie, le contexte colonial entraîne de nombreux mariages mixtes, notamment avec des immigrés italiens ou espagnols, sans que l'identité juive cesse de se transmettre. L'abolition du décret Crémieux par Vichy crée des situations ubuesques : des Juifs algériens, citoyens français depuis 1870, redeviennent des indigènes ! Mais dans le même temps, d'autres Juifs français, qui ont accédé à la citoyenneté autrement, gardent la nationalité française ; d'autres encore, devenus citoyens grâce au décret mais entretemps émigrés au Maroc, sont de ce fait reconnus comme sujets marocains…

Parler de l'antisémitisme dans ce contexte est compliqué, car il est pluriel : il prend diverses formes et brasse des fantasmes ou des préjugés qui ne sont pas forcément compatibles entre eux. Les textes antisémites de Drumont vont être contestés par d'autres « antijuifs », par exemple ceux de la « vieille école », qui les trouvent trop vulgaires par rapport à l'antijudaïsme chrétien traditionnel. De même que tous les antisémites ne sont pas d'accord entre eux, on observe différentes strates de la société juive et des sédimentations des diverses immigrations juives, qui ne sont pas non plus forcément d'accord entre elles et guère homogènes.

Observe-t-on des critiques de l'assimilation dès le XIXᵉ siècle ?

J. Darmon – Il ne peut y en avoir dans les années 1830 et 1840, car les acquis sont encore trop fragiles. Cette critique vient plus tard, lorsque l'assimilation est acquise. Elle commence par l'affaire Dreyfus et le sionisme. Du point de vue de la sociologie religieuse, c'est le moment d'une perte des traditions, déplorée par le rabbinat. L'évolution des positions du Consistoire qui, en France, exerce au XIXᵉ siècle un monopole sur la religion juive raconte une histoire différente de ce qui se fait en Allemagne, où l'on observe une volonté de moderniser et de simplifier le rituel pour répondre à la désertion des synagogues. En France, la synagogue essaie de concilier tradition et modernisme avec plus de modération. La synagogue de la rue Copernic, par exemple, ne peut exister que grâce à la loi de 1905. À cette époque, de nombreux fidèles ne se rendent plus à la synagogue, notamment parce qu'ils travaillent le samedi : les rabbins proposent donc de placer des offices le dimanche, notamment dans la synagogue de la Victoire. Le grand rabbin de France Zadoc Khan accepte l'idée, mais d'autres rabbins traditionalistes critiquent ce judaïsme *modern style* et « féministe » (des femmes animent en effet ces mouvements modernistes). Quand Zadoc Khan meurt en 1907, les traditionalistes rejettent ces revendications, mais grâce à la loi de 1905, une Union libérale israélite de France peut se créer.

P. Zawadzki – Le judaïsme français de ces années révèle de nombreux visages. Par exemple, le monde des artisans et des ouvriers juifs, souvent yiddishophones, est fortement imprégné de socialisme, en particulier du bundisme, ce mouvement ouvrier juif né dans l'Empire russe en 1897, un an avant le Parti ouvrier social-démocrate de Russie. Sans que cela prenne la forme d'une critique de l'assimilation, ces Juifs se reconnaissaient moins dans le modèle confessionnel de « l'Israélite » que dans celui d'une judéité sécularisée.

Marc Olivier Baruch – Un autre moment important est celui de la loi du 10 août 1927 sur la nationalité, qui vise à faciliter la naturalisation des étrangers, car la France a alors besoin d'une main-d'œuvre immigrée.

M. Cohen – Avec la formation de l'Alliance israélite universelle en 1860, on observe le début d'une « politique juive », mais celle-ci s'affirme hors de France (soutenant les revendications juives d'accès à l'égalité des droits dans différents pays d'Europe), et cela constitue un premier écart au modèle israélite initial, où le judaïsme n'est défini que comme religion. C'est ce que les antisémites de la fin du XIXe siècle dénonceront violemment en parlant d'une « solidarité juive internationale ».

À partir de 1982, le président du Consistoire ne sera plus de droit désigné comme président du Conseil représentatif des institutions juives de France (Crif), comme le prévoyaient les statuts initiaux, mais il est désormais élu par les associations fédérées. Il s'agit là d'un deuxième écart par rapport au modèle israélite. L'arrivée des Séfarades, au début des années 1960, va donner une nouvelle visibilité aux Juifs français, qui correspond aux évolutions de la société en général après Mai 68. Mais n'oublions pas que la transformation du judaïsme français vers plus d'affirmation publique a commencé dès l'après-guerre avec la création de l'école d'Orsay (1946) et l'organisation annuelle, depuis 1957, du Colloque des intellectuels juifs de France, qui font connaître des penseurs juifs comme André Neher, Léon Ashkenazi, Emmanuel Levinas, etc.

Peut-on parler d'un âge d'or du franco-judaïsme ? Certains ont la nostalgie de l'école républicaine de la IIIe République, qui aurait si bien intégré les Juifs d'Europe de l'Est entre les deux guerres…

M. Cohen – La vision idéalisée de l'intégration française doit être nuancée. En réalité, cette « assimilation » ne passait pas par l'effacement de soi, mais consistait en une transformation de l'identité juive en « religion » relevant de la sphère privée : c'est ce qu'on désigne par « modèle israélite ». Or l'expression publique d'autres dimensions de l'appartenance juive (culturelle, politique) est aujourd'hui perçue comme posant problème par ceux qui considèrent qu'elle constitue un risque de fragmentation de la nation française.

P. Zawadzki – Il ne faut pas oublier l'extraordinaire sentiment de sécurité que découvraient notamment les Juifs venant d'Europe de l'Est. Dans la France de la IIIe République, on n'observe pas de violences physiques de type pogrom contre les Juifs, même lors des grandes manifestations antisémites. Ce sentiment de sécurité ne prendra fin qu'avec Vichy.

J. Darmon – Il est aussi lié à une possibilité d'émancipation par rapport au judaïsme traditionnel d'Europe orientale, notamment pour les femmes.

Les gens de ma génération ont effectivement la nostalgie des années 1950 et 1960. Cependant, les intellectuels juifs de cette époque ne sont pas venus de nulle part, et leur renommée est établie bien plus tard. Pour ceux d'entre eux qui ne sont pas nés français, le choix de venir en France a été motivé par l'attrait de la France des Lumières, de l'universalité et de la Résistance. Après la guerre, beaucoup d'entre eux ont quitté la Russie stalinienne ; ils voulaient souvent partir aux États-Unis, mais sont restés en France faute de visa, même s'ils étaient attirés par le pays de la Déclaration de 1789. La même logique perdure aujourd'hui : beaucoup de migrants du Sud, d'Afrique et du pourtour méditerranéen, viennent en France parce qu'ils sont attirés par un imaginaire de la France…

M. Cohen – Certains, comme le sociologue Shmuel Trigano, reconstruisent *a posteriori* un âge d'or du judaïsme français, mais ils oublient les conflits passés, entre les communistes « antisionistes » et d'autres courants par exemple. Les années 1980-1990 ont été vécues positivement, autour de ces affirmations publiques et de cette créativité culturelle, mais ont aussi marqué le début d'un malaise, du fait de la pression ultra-orthodoxe qui s'est exercée sur l'ensemble du monde juif français, y compris au sein du Consistoire sous l'influence du grand rabbin Joseph Sitruk (1988-2008).

P. Zawadzki – Mais cette nostalgie d'un âge d'or n'est pas totalement sans fondement, surtout quand elle se nourrit du regard comparatif et du souvenir des persécutions et de la privation de droits porté dans leur chair par les immigrés juifs arrivant en France.

J. Darmon – À partir du début des années 1980 émerge un discours décliniste chez les Juifs français, comme dans l'ensemble de la société française. Au début des années 2000, des livres considèrent même que le judaïsme français n'est plus possible. La répétition de ce genre de discours risque de se transformer en prophétie autoréalisatrice.

P. Zawadzki – Certes, mais n'y a-t-il pas quelque chose qui a réellement décliné au tournant du siècle et que l'explosion des nouvelles formes d'antisémitisme a clairement manifesté ? L'antisémitisme est redevenu meurtrier sans les grandes manifestations de solidarité qui avaient suivi l'attentat de la rue Copernic en 1980 ou la profanation du cimetière juif de Carpentras en 1990. De plus, tous les horizons de la pensée font apparaître, depuis les années 1980, un malaise autour de la temporalité en général : quelque chose, à partir de ce moment, fait vaciller les représentations du futur et cette crise du projet affecte la vie politique. Cela jette un trouble considérable sur une société moderne orientée vers l'avenir.

Pour les Juifs, les années 1970 sont-elles une période de réaffirmation et de réidentification, un moment de redécouverte du Talmud, par exemple ?

J. Darmon – Les années 1970 sont d'abord le moment où s'opère une lente institutionnalisation de la mémoire de la Shoah, terme qui n'est utilisé qu'en France et en Israël à partir de 1985 (partout ailleurs dans le monde, on parle toujours de l'Holocauste).

M. O. Baruch – Jusqu'aux années 1970, dans la production historique française sur la Seconde Guerre mondiale, on ne parle souvent qu'à la marge des politiques antisémites de Vichy et de la déportation. Le colloque organisé à la Fondation nationale des sciences politiques en mars 1970 sur « Le gouvernement de Vichy et la Révolution nationale » est muet sur le statut des Juifs. Au moment de l'adoption de la loi Pleven contre le racisme en 1972, ce sont des compagnons de la Libération (le Premier ministre Jacques Chaban-Delmas et le garde des Sceaux René Pleven) qui portent le projet, et le texte est adopté à l'unanimité. Près de vingt ans plus tard, quand la loi Gayssot, qui fait de la négation du génocide un délit, est débattue, elle suscite des clivages dans le champ politique. On verra même des historiens de grand renom (René Rémond et Pierre Nora, mais aussi Pierre Vidal-Naquet et Élisabeth Badinter) signer, en décembre 2005, une pétition contre cette loi, au motif qu'elle empêcherait l'écriture libre de l'histoire.

La reconnaissance de la Shoah a été difficile à cette époque, pour les chrétiens comme pour la République. C'est aussi une période de fortes polémiques à l'intérieur même du judaïsme français…

M. O. Baruch – Ces polémiques ont eu cours sous tous les présidents jusqu'à Jacques Chirac, pour des raisons différentes. De Gaulle avait besoin de faire croire – lui savait parfaitement que c'était faux ! – que la France avait été héroïque ; Pompidou avait un rapport complexe à la Résistance ; Mitterrand ne comprenait pas la portée de la Shoah. Malgré tout, dans la société française, à partir des années 1970, la reconnaissance se fait très vite après la parution du livre de Robert Paxton, *La France de Vichy*, traduit en français en 1973. Mais, pour que la parole publique dise, au plus haut niveau, ce que la recherche historique avait ainsi démontré depuis longtemps, il fallut un quart de siècle. Empêtré dans ses amitiés et ses ambiguïtés, Mitterrand refusa de dire le moindre mot lors du cinquantième anniversaire des rafles de l'été 1942, allant jusqu'à proférer d'absolues contre-vérités sur le statut des juifs au micro de Jean-Pierre Elkabbach.

J. Darmon – C'est aussi le moment où se pose la question de la transmission de la mémoire de la Shoah. Dans les années 1945-1950, on est encore dans une phase de commémoration des déportés, la mémoire reste encore assez présente ou marquée. À partir des années 1970, émerge une autre question : comment les enfants des déportés exterminés vont-ils assumer cet héritage ? Comment vont-ils construire activement une identité ? En quoi la forte présence d'étudiants juifs parmi les leaders de Mai 68 est-elle due à cet héritage ? Quels liens le mouvement peut-il avoir avec la construction d'une mémoire « institutionnelle » ? On pourrait faire le bilan critique de cette institutionnalisation de la Shoah et de sa mémoire depuis trente ans…

M. Cohen – On pourrait aussi prendre acte du fait que l'antisémitisme se renouvelle toujours : que l'on considère par exemple la diffusion sociale du négationnisme (notamment avec les dérives de Dieudonné), malgré l'institutionnalisation de la lutte contre l'antisémitisme et de la mémoire de la Shoah, à la suite des procès contre Barbie en 1987, Touvier en 1994 et Papon en 1997, et de la reconnaissance de la faute de l'État par le président Chirac en 1995. L'Église catholique aussi a mis du temps : l'affaire du carmel d'Auschwitz a commencé en 1985 et ne s'est terminée qu'en 1993. Et la repentance de l'Église n'est arrivée qu'en 1997…

J. Darmon – Néanmoins, les juifs et les chrétiens français font figure de pionniers et sont à la pointe du dialogue judéo-chrétien dans l'élaboration de *Nostra Ætate* (1965).

P. Zawadzki – Rétrospectivement, la période 1960-1990 apparaît comme celle d'une reviviscence heureuse du judaïsme français. Paul Ricœur voyait dans l'identité une manière pour le sujet de penser sa permanence dans le temps. Au cours de ces années, les Juifs se réinscrivent progressivement dans leur histoire longue, par-delà les profondes ruptures familiales de la Shoah, aggravées par la trahison de Vichy. C'est un travail à la fois culturel et psychique. Dans un moment d'approfondissement du pluralisme démocratique, leur expérience traumatique devient mieux audible, car elle rencontre un mouvement de réflexivité critique plus général qui porte sur Vichy, le nationalisme français, les racismes, etc. Ce travail de reviviscence s'opère dans une forme d'intersubjectivité : les sensibilités juives trouvent leur place dans la culture commune. Des auteurs comme André Schwarz-Bart et Anna Langfus, respectivement prix Goncourt 1959 et 1962, ou Albert Cohen entrent dans la littérature générale au même titre que le film *Shoah* (1985) de Claude Lanzmann est discuté de l'intérieur de l'histoire universelle du cinéma.

M. O. Baruch – C'est effectivement l'époque du grand débat sur l'imprescriptibilité des crimes de guerre et des crimes contre l'humanité, qui sera concrétisée par l'adoption de la loi de 1964. Mais c'est également une époque tendue, marquée le conflit israélo-arabe. La *Lettre à mes cousins juifs* de Romain Gary, parue en 1970 dans *Le Figaro littéraire*, attaque l'accusation qui pouvait être faite aux Juifs d'une « double allégeance » entre la France et Israël. C'est aussi le moment où Willy Brandt s'age-nouille devant le mémorial honorant les Juifs victimes de la répression du soulèvement du ghetto de Varsovie, deux ans après la gifle administrée par Beate Klarsfeld au chancelier Kurt Georg Kiesinger (novembre 1968).

Dans l'Église catholique, c'est le concile Vatican II (1962-1965) qui a acté l'élimination de l'expression « juifs perfides » pendant la messe du Vendredi saint. Mais la mémoire de la Shoah est-elle devenue univer-selle ? Dans l'Église catholique en Amérique latine, en Corée du Sud ou en Australie, la Shoah n'a pas la même importance que chez nous...

J. Darmon – Ce qui s'est passé en France avec Vichy est paradigmatique pour beaucoup de personnes dans le monde. Et la mémoire de la Shoah a été importante pour de nombreux cadres dans l'Église en France et hors de France. Mais, selon un bon témoin, pour des fidèles et des prêtres catholiques en Seine-Saint-Denis, issus d'Afrique noire ou des Antilles (et d'ailleurs que la Métropole), chez qui la foi et la théologie chrétiennes sont plus marquées par le piétisme et l'enthousiasme que par la réflexion théologique, le rapport au judaïsme n'existe guère et il est alors difficile de faire passer la mémoire de la Shoah.

Depuis 1948, les grandes crises d'Israël deviennent des crises fran-çaises. Comment ressentez-vous ce qui s'est passé depuis le 7 octobre 2023, en Israël et en France ?

M. Cohen – De ma fréquentation de différents espaces, à gauche et à l'extrême gauche, de Juifs et de non-Juifs (comme la Ligue des droits de l'homme, le collectif La Paix maintenant ou la revue *Esprit*), j'observe des positions divergentes. Je suis récemment sortie d'une réunion d'un groupe d'extrême gauche avec un grand pessimisme tant les personnes présentes usaient de la langue de bois. J'y ai été critiquée pour avoir défendu la solution à deux États, comme si considérer qu'Israël est le seul responsable de ce qui s'est passé depuis le 7 octobre à Gaza, en Israël, en France et dans le monde les conduisait forcément à délégitimer l'existence de cet État. Dans cette réunion, j'ai constaté qu'on parle de l'avant ou de l'après-7 octobre, mais pas des massacres de cette journée terrible. Il n'en va pas autrement dans les meetings propalestiniens. Ces visions différentes de l'opinion commune apparaissent même chez des intellectuels juifs de langue française. Par conséquent, je suis inquiète de la façon dont les événements récents sont interprétés de part et d'autre.

P. Zawadzki – Cette fois, l'intersubjectivité dont je parlais plus haut s'est effondrée. J'adopterais l'expression de *« faille empathique »*, employée par Delphine Horvilleur, pour caractériser la façon dont j'ai vécu les événements. Le lourd silence des étudiants et l'interminable embarras des enseignants m'ont fait penser à un syndrome du déni. Le fait qu'un professeur au Collège de France comme Didier Fassin ait pu comparer le génocide des Hereros et la guerre menée par Israël contre le Hamas m'a désespéré. Entre la fin des années 1960, où il y eut tant de réactions de solidarité avec Israël, et aujourd'hui, il y a clairement une rupture. L'antisémitisme n'est plus seulement porté par une vieille extrême droite nationaliste et antirépublicaine. Sous couvert d'antisionisme radical, il s'est rajeuni, se réclame de la pensée critique et s'exprime brutalement sur les campus internationaux les plus innovants, qu'il s'agisse de Columbia, de l'Université libre de Bruxelles, de l'Université de Lausanne ou de Sciences Po.

J. Darmon – C'est un écheveau difficile à démêler. Chacun, dans son camp, a tendance à mélanger les questions de façon plus ou moins intentionnelle (par exemple lors de la manifestation de janvier 2024 contre l'antisémitisme, que chacun a surchargé de sens). Du côté juif, on est dans l'émotion, l'abasourdissement, l'angoisse ; au-delà de la pétition de principe d'ordre religieux, qui croit en la victoire et en la survie, se posera la question de l'état de la société israélienne quand nous serons sortis de cette situation, sans qu'on sache quand et comment cela pourra se faire. Il faut faire attention à distinguer les différents acteurs, les motivations et les intentions, notamment dans la poussée d'antisémitisme en octobre : elle ne se manifeste pas de la même façon partout, entre le détournement de la manifestation contre l'antisémitisme et l'influence des agents russes sur l'antisémitisme français – l'antisémitisme est lui-même une vieille tradition russe. La crise en Israël et en Palestine fait resurgir des orientations politiques inquiétantes et des tensions profondes. Des mouvements fascistes et anti-démocratiques instrumentalisent l'antisémitisme et le soutien à Israël, dans un axe qui va de Modi à Trump en passant par Orbán, Le Pen, Melloni et... Netanyahou. De l'autre côté, on observe une logique du « camp anti-impérialiste » de la gauche radicale, qui va du Hamas aux Indigènes de la République en passant par Judith Butler : quiconque est contre « l'impérialisme » (exclusivement états-unien, s'entend) fait partie de la « gauche mondiale » ; or le sionisme étant défini comme un avatar de cet impérialisme, être de gauche et être antisioniste deviennent synonymes. Cela ne fait qu'exacerber la volonté de réduire la donne politique aux extrêmes. Entre néo-gauchisme et néofascisme, il n'y a plus de réalité politique qui vaille.

Quelles évolutions des mentalités voyez-vous se dessiner aujourd'hui en France ?

J. Darmon – Chez certains Juifs français, l'idée fait son chemin que l'on a vécu avec des œillères sur la réalité d'un fascisme israélien de plus en plus présent dans le champ politique, dans les actions violentes de groupes juifs dans des implantations, dans l'occupation de la Cisjordanie. On se rend compte que la conduite de l'armée israélienne dans les Territoires contredit l'image qu'elle veut donner d'elle-même, celle de l'armée la plus morale du monde. Beaucoup estiment qu'il va bien falloir opérer un changement de politique, à la fois du côté israélien et du côté palestinien, même si l'on ne voit aucune solution dans l'immédiat. Une autre idée majeure s'est effondrée avec le 7 octobre : la possibilité pour Israël de s'affirmer comme un pays-refuge pour les Juifs. On a pris conscience que la situation sécuritaire en Cisjordanie a été transposée, notamment par l'actuel ministre de l'Intérieur Itamar Ben-Gvir, comme méthode de répression et de légitimation idéologique, sur le territoire israélien en général, notamment à l'encontre des Arabes israéliens et des « gauchistes ». Dans les discours du gouvernement justifiant la réforme de la Cour suprême, on a pu entendre une conception de la démocratie comme dictature de la majorité, la conviction que si on obtient cette majorité, on peut faire ce qu'on veut.

Propos recueillis par Jean-Louis Schlegel

Émeutes et violences policières

Retour sur la mort de Nahel

Sebastian Roché

Quelles sont les explications des émeutes ? Il s'agit d'une question sociologique importante, évidemment, mais aussi d'un enjeu politique essentiel. En effet, une fois l'incendie éteint, la recherche de ses origines commence dans le débat public. Nous avons vu le gouvernement engager une véritable bataille politique pour s'exonérer de toute responsabilité en ignorant les causes véritables de cette éruption sociale, à peine modérée par un rapport sénatorial.

Les émeutes sont des phénomènes complexes, bien plus difficiles à saisir que les images les plus spectaculaires de certains hauts faits ne le laissent imaginer. Il n'en existe pas de définition stabilisée, et je me propose de retenir celle que j'avais proposée après les événements de 2005 : une concentration dans le temps et l'espace de destructions et de dégradations, parfois accompagnées de confrontations physiques et d'usages d'armes[1]. L'émeute est donc une action collective dont les modalités sont illégales : endommager, casser, brutaliser et, même si c'est rare dans la région européenne, tuer. L'émeute se mesure par une variable continue (il y a plus ou moins de destructions), pas dichotomique (émeute *versus* absence d'émeute), contrairement à ce que les phénomènes les plus spectaculaires nous inclinent à imaginer, comme en 2005 ou en 2023 : avant ou après l'émeute, il n'y a « pas d'émeute » et, pendant, il y en a une. En effet, la France connaît de manière régulière des émeutes de taille et de durée variables. Lorsqu'on qualifie l'événement de révolte, on le désigne

---

1 - Sebastian Roché, *Le Frisson de l'émeute. Violences urbaines et banlieues*, Paris, Seuil, 2006.

par le mécanisme causal supposé, mais on ne le caractérise pas par ses manifestations empiriques. En réalité, la forme émeutière n'est pas antinomique d'une motivation de révolte : on oppose à tort les deux termes. Lorsqu'on veut traiter des émeutes, on doit au minimum distinguer plusieurs éléments : le « déclencheur », la mobilisation, l'affrontement, puis la vitesse et la direction de la diffusion dans l'espace en dehors du lieu où un incident s'est produit, et enfin les éléments associés à la décrue de la vague émeutière. C'est très important à comprendre, parce que les différents moments ne répondent pas aux mêmes causes : par exemple, les facteurs de déclenchement ne sont pas les mêmes que les facteurs qui expliquent la géographie de la circulation de l'émeute. Je ne vais pas prendre tous les aspects en considération ici de manière exhaustive, mais je voudrais souligner la place du contexte, et surtout celle essentielle du déclencheur : sans lui, l'émeute n'existe pas.

De graves émeutes

Quels sont les déclencheurs des plus grandes émeutes européennes et même occidentales ? Je me limite ici aux plus importantes par les dégâts et leur intensité. Les émeutes des années 1960 aux États-Unis sont celles des Noirs, en marge du mouvement de lutte contre la ségrégation, légale jusqu'à une décision de la Cour suprême en 1954 *(Brown v. Board of Education)*. Or les Afro-Américains sont soumis à des brutalités policières récurrentes, et mortelles dans des proportions inconnues de ce côté de l'Atlantique encore aujourd'hui.

En Europe, Margaret Thatcher, élue en 1979, met au sommet de son programme « la loi et l'ordre[2] ». En vertu de la loi sur « le contrôle et la fouille » *(stop and search)*, la police peut arrêter n'importe qui, pour le fouiller si elle pense qu'il a l'intention de commettre un crime. Le 10 avril 1981, à Brixton, un quartier majoritairement non blanc au sud de Londres, une foule se forme à la suite de brutalités commises par la Met (la police de Londres) et exprime sa colère pendant quelques heures avant que les protestations ne se tassent. Mais une arrestation survenue la nuit suivante fait éclater la violence dans les rues de Brixton. L'émeute

---

2 - Richard J. Terrill, "Margaret Thatcher's law and order agenda", *The American Journal of Comparative Law*, vol. 37, n° 3, été 1989, p. 429-456.

de Brixton a été suivie de plusieurs autres similaires jusqu'au mois de juillet dans de nombreuses autres villes anglaises.

En 1991, des agents de la police de Los Angeles brutalisent l'automobiliste noir Rodney King. George Holliday, un plombier, sort de chez lui pour filmer la scène avec sa nouvelle caméra vidéo, et surprend les policiers de Los Angeles en train de donner des coups de poing et de pied et d'utiliser un pistolet paralysant sur King, pendant neuf minutes et alors même qu'il est à terre. C'est la première fois que des violences policières sont documentées avec cette précision et prennent à revers les allégations d'exemplarité et de dévouement de la police. Lorsqu'un jury acquitte tous les officiers le 29 avril 1992, la ville est le théâtre d'affrontements pendant plusieurs jours. Des centaines de commerces ont été pillés et des pâtés de maisons et des magasins entiers détruits, principalement dans le sud de Los Angeles.

En juin 2005, le ministre de l'Intérieur Nicolas Sarkozy annonce qu'il va passer les banlieues au karcher. En novembre, en Seine-Saint-Denis, trois adolescents sont poursuivis par la police, et deux d'entre eux, Zyed et Bouna, meurent électrocutés en se réfugiant dans un transformateur sans que les policiers ne leur portent assistance – ce que les autorités nient avant que les enregistrements des échanges avec le central ne soient rendus publics. La France va connaître la plus grande vague d'émeutes depuis 1968.

En 2008, à Montréal, Dany Villanueva est atteint d'un tir policier mortel, et la ville s'embrase. À Athènes, la même année, c'est Alexandros Grigoropoulos qui s'effondre pour les mêmes raisons, et de nombreuses villes grecques prennent feu. En 2011, à Tottenham, une banlieue de Londres, Mark Duggan, un homme noir de 29 ans, est tué par un tir policier lors d'une interpellation au motif qu'il porte une arme, mais la police n'est pas capable de la produire. Une photographie supposée être celle du défunt est publiée sur Facebook. Les proches de Duggan et des habitants du quartier marchent vers le commissariat de police de Tottenham, scandent *« Nous voulons des réponses »* et demandent *« justice »*. La situation s'envenime. Des incendies et des pillages s'étendent à d'autres quartiers de Londres puis à d'autres régions d'Angleterre.

Nahel Merzouk est mort à Nanterre le 27 juin 2023 après avoir reçu une balle tirée à bout portant par un policier alors que sa voiture est immobilisée. Le commissaire divisionnaire, dont dépend l'agent auteur du tir, affirme qu'il était menacé par la trajectoire du véhicule quand il a ouvert le feu. Deux vidéos du tir sont partagées sur les réseaux sociaux ; des émeutes éclatent dans plusieurs quartiers de Nanterre le soir même.

Les émeutes sont des réactions à la manière dont les policiers utilisent leurs pouvoirs envers les minorités ethniques. En marge de la marche blanche organisée pour rendre hommage à la victime, des heurts éclatent en fin d'après-midi à Nanterre le 29 juin, tandis que les émeutes s'étendent à travers le pays, faisant de la France et de la Grande-Bretagne les deux seuls pays de la région à faire l'expérience de violences nationales multiples en une vingtaine d'années. Cette énumération montre des régularités : les émeutes sont des réactions à la manière dont les policiers utilisent leurs pouvoirs envers les minorités ethniques.

Causes structurelles et responsabilité policière

Leurs localisations n'ont rien à voir avec le type de régime ou un supposé « modèle » national : elles se produisent aussi bien dans les régimes parlementaires que présidentiels, dans les pays centralisés que décentralisés, dans les pays plutôt libéraux économiquement que bien plus étatistes. Pour les États concernés, la toile de fond des expositions de colère est celle de quartiers pauvres, de groupes appartenant aux minorités ethniques. Ce qu'on appelle les « causes structurelles », la concentration des difficultés dans des territoires, fait indiscutablement partie de l'équation.

Mais alors, si ces causes suffisaient, pourquoi ces groupes ne se révoltent-ils pas plus souvent ? Effectivement, on remarque qu'en dépit de ces conditions socio-économiques défavorables, les émeutes n'ont pas lieu en permanence. Le déclencheur le plus évident n'est autre que les mauvaises pratiques policières. Dans un travail non publié, conduit par Simon Varaine, et qui couvre une période allant de 1996 à 2022, nous avons pu vérifier que les « petites » émeutes, celles qui ne sortent pas du département, sont bien déclenchées par les homicides policiers de personnes désarmées et appartenant aux minorités[3]. Il y a là un ensemble d'indices qui pointe la responsabilité policière, de manière récurrente : le traitement réservé aux minorités leur est nettement défavorable, et plus souvent fatal.

---

3 - Simon Varaine, Raul Magny-Berton, S. Roché et Paul Le Derff, "Police homicides and riots in France", à paraître.

Dans les pays où la police a su modifier ses pratiques, même imparfaitement, comme l'Allemagne, les émeutes de grande envergure n'existent pas. Et ce n'est pas faute d'avoir une large minorité musulmane ou des quartiers défavorisés. Nous avons pu jauger les écarts entre la confiance dans la police en France et en Allemagne chez les groupes minoritaires : ils sont nettement en faveur de cette dernière[4]. Enfin, et contrairement à ce qu'on a pu entendre parfois en évoquant une aggravation et une accumulation des rancœurs sur le temps long, l'analyse des émeutes de 1996 à 2022 suggère plutôt une succession de chocs plus qu'un retour à la situation antérieure : on voit la concentration des destructions (mesurée mensuellement au niveau départemental) s'élever à la suite d'un homicide policier, puis retomber. Il semble en revanche que les émeutes de 2005, les seules à être nationales avant celles de 2023, pour lesquelles on manque de recul, aient eu un *« effet d'enhardissement*[5] *»* sur les comportements délinquants. En effet, certains délits graves ont augmenté immédiatement après la fin des émeutes, et leur niveau n'a pas décru depuis. C'est une raison de plus pour tenter de prévenir leur déclenchement.

La liste des émeutes majeures illustre également le processus causal dénommé *flashpoints* par des criminologues britanniques[6]. Le « point d'éclair » est la température minimale à laquelle une inflammation spontanée va se produire en présence d'une source de chaleur externe, telle qu'une étincelle ou une flamme. L'action de la police mais aussi les déclarations des responsables politiques contribuent à faire monter la « température » sociale, et, dans ce contexte, un incident va déclencher l'émeute. Ce processus, souvent progressif, résulte de l'accumulation d'émotions liées à un décès, puis à une manifestation tendue et à la dissimulation de preuves (à Londres, à Paris), ou encore à une décision d'acquittement (à Los Angeles). Après des brutalités policières ou un homicide policier, une mobilisation dans la rue (et sur la toile depuis quelques années) se produit. Ces actes provoquent une indignation morale intense et une addition de colères individuelles qui forment un torrent dans les rues et sur les places. La police contribue donc doublement aux émeutes, à la fois

---

4 - S. Roché, *De la police en démocratie*, Paris, Grasset, 2016.
5 - Stéphane Mechoulan, "Civil unrest, emergency powers, and spillover effects: A mixed methods analysis of the 2005 French riots", *Journal of Economic Behavior & Organization*, vol. 177, septembre 2020, p. 305-326.
6 - David Waddington, Karen Jones et Chas Critcher, *Flashpoints: Studies in Public Disorder*, Londres, Routledge, 1989.

en faisant monter la température sociale et en produisant l'étincelle qui y met le feu. Les émotions négatives accumulées par les adolescents lors de ces contacts ordinaires avec les policiers faits de peur et d'humiliation touchent particulièrement la jeunesse. Lors des contrôles d'identité, estimés à plusieurs dizaines de millions chaque année par la Cour des comptes, discriminations et brutalités sont régulières. Nous disposons maintenant de plus d'une dizaine d'enquêtes de politistes, démographes ou du Défenseur des droits qui le prouvent, de Paris à Marseille en passant par Lyon. Ces expériences engendrent non seulement un rejet de la police, mais aussi une perte de confiance dans les élus et la loi, et un effondrement de la croyance dans la valeur des processus démocratiques. Ce faisant, elles sapent la capacité des institutions publiques à se poser en interlocuteur crédible et impartial lorsqu'un événement grave se produit.

Une fois qu'elles ont éclaté, les émeutes sont très difficiles à contrôler, notamment du fait de leur capacité à recruter au-delà des protagonistes les plus proches de la famille de la victime et du quartier où l'incident s'est produit, mais aussi du fait qu'elles se déplacent dans l'espace. La circulation des émeutes n'est pas une nouveauté. N'en déplaisent à ceux qui font des réseaux sociaux la « cause des causes », les historiens ont reconstruit la diffusion des émeutes à partir de données qui remontent au XVIIIᵉ siècle. John Bohstedt et Dale Williams ont montré que la géographie émeutière dans le Devonshire dépendait de la taille de la circonscription *(bourough)*, de la tradition émeutière de la ville et du fait que des « conduits » existent entre les villes (sous la forme de réseaux d'échanges économiques)[7]. Nous avons trouvé des résultats comparables s'agissant de la France en 2005 : les émeutes ont circulé de proche en proche autour de Paris, principalement de commune pauvre en commune pauvre si la population des jeunes hommes non qualifiés y était assez importante, puis le long d'axes vers les autres grandes villes françaises[8]. En 2005, les réseaux sociaux n'avaient pas la popularité qu'ils ont aujourd'hui : Facebook est né le 4 février 2004 et en 2005, n'a que 5 millions d'utilisateurs actifs par mois dans le monde, tandis que MySpace en a 120 millions.

7 - John Bohstedt et Dale E. Williams, "The diffusion of riots: The patterns of 1766, 1795, and 1801 in Devonshire", *The Journal of Interdisciplinary History*, vol. 19, n° 1, été 1988, p. 1-24.
8 - Laurent Bonnasse-Gahot, Henri Berestycki, Marie-Aude Depuiset, Mirta B. Gordon, S. Roché, Nancy Rodriguez et Jean-Pierre Nadal, "Epidemiological modelling of the 2005 French riots: A spreading wave and the role of contagion" [en ligne], *Scientific Reports*, n° 8, article 107, 2018.

Et pourtant, les émeutes embrasent le pays. Une fois déclenchées, les émeutes s'alimentent des conflits sociaux, comme ce fut le cas à Los Angeles. Les Latinos représentent plus de 50 % des personnes arrêtées pendant et après les pillages, les incendies et les destructions de magasins appartenant pour la plupart à des immigrés coréens, tandis que les Noirs traitent les Coréens comme des *proxies* du *« pouvoir blanc »*[9]. Elles attirent aussi des pillards opportunistes comme à Londres en 2011 *(« shopping riots »)* ou dans une moindre mesure en France en 2023.

Retour à l'ordre

Quelle est l'analyse politique de ces événements rares et spectaculaires, de ces éruptions qui bousculent l'ordre, aune à laquelle on peut dire qu'une autorité gouverne ? En 1967 aux États-Unis, une commission présidentielle dite « Kerner » est mise sur pied après les vagues d'émeutes qui traversent le pays. Le rapport pointe les responsabilités de la police dans les émeutes, critiquant ses méthodes à un degré sans précédent dans un rapport gouvernemental. Il recommande aux services de police d'éliminer les brutalités et les fautes professionnelles. L'une de ses conséquences sera la mise à l'ordre du jour de la police communautaire (qu'on appelle chez nous « de proximité »). En 1981 au Royaume-Uni, le ministre de l'Intérieur commande une enquête publique sur l'émeute, confiée à une personnalité. Le rapport Lord Scarman met l'accent sur les préjugés et la discrimination, sur le partage des responsabilités entre la police et les communautés minoritaires, mais n'hésite pas à parler de *« preuves indiscutables de l'utilisation disproportionnée et indiscriminée des pouvoirs d'interpellation et de fouille par la police à l'encontre des Noirs »* (25 novembre 1981). Il recommande la création d'une institution locale pour échanger avec la population, inspiré par le témoignage de John Alderson, *chief constable* du Devon et de Cornwall. L'enquête sur l'affaire Stephen Lawrence et le rapport rendu par Lord Macpherson en 1999 mettent les points sur les « i » et parlent de *« racisme institutionnel »*. La tonalité en France est tout autre.

Concernant les émeutes de 2023, la réaction du président de la République au tir mortel a consisté à reconnaître les faits suite à la publication sur

---

9 - Kyeyoung Park, *LA Rising: Korean Relations with Blacks and Latinos after Civil Unrest*, Lanham, Lexington Books, 2019.

Twitter de la vidéo, puis à réclamer le retour à l'ordre *(« L'ordre, l'ordre, l'ordre »)*. Elle a été sur ce dernier point assez classique, ne tranchant pas avec celles d'autres chefs d'État ou de gouvernement. Ensuite, il a cherché à se protéger de tout blâme en assimilant les émeutiers à des délinquants et en accusant les familles et les réseaux sociaux. Sa logique est d'éviter de rechercher les responsabilités des politiques policières, ce qui le conduit à ignorer à la fois l'inquiétante élévation des tirs policiers mortels, lors des contrôles routiers notamment, l'usage des armes à feu à létalité réduite en banlieue, qui s'est banalisé comme le montre un rapport de la Cour des comptes. L'initiative du directeur général de la police nationale (DGPN), qui ne saurait se produire sans un accord en amont avec le ministre de l'Intérieur (dont la presse a attesté), est encore plus spectaculaire et inquiétante. Tandis que les émeutes battent leur plein, l'exécutif décide de lancer les unités anti-terroristes du Raid dans la mêlée, c'est *« la police contre la rue*[10] *»*. Le résultat ne se fait pas attendre : on relève un mort et plusieurs mutilés, ce qui ne s'était pas produit en 2005. Quatre policiers sont mis en examen par des magistrats pour leurs comportements. C'est alors que, dans un entretien au *Parisien*, le DGPN déclare qu'un *« policier n'a pas sa place en prison, même s'il a pu commettre des fautes ou des erreurs graves dans le cadre de son travail »*. Le préfet de police le soutient sur Twitter. Ainsi, les deux plus hauts fonctionnaires de la police française sortent de leur fonction et mettent en cause les règles de fonctionnement et les décisions de la justice concernant leurs agents, un fait sans précédent. Ce faisant, ils s'attaquent à l'un des fondements de l'actuel État de droit qui est l'égalité devant la justice. Le chef de l'État, garant des institutions et de l'indépendance de l'autorité judiciaire selon la Constitution, ne condamne pas leurs propos. Et le ministre de l'Intérieur exprime sa *« confiance »* à leur égard.

Rater l'essentiel

C'est grâce à l'initiative du Sénat qu'on pouvait espérer une analyse réelle des événements : la commission des lois a créé, le 12 juillet 2023, une mission d'information trans-partisane, dotée de prérogatives de commission d'enquête. Elle a rendu son rapport en avril 2024. S'agissant du document étatique le plus élaboré, il mérite l'attention. Notons

10 - S. Roché et François Rabaté, *La Police contre la rue*, Paris, Grasset, 2023.

d'abord que, comme en 2005, aucune des deux chambres n'a lancé de commission d'enquête proprement dite, et le gouvernement n'a pas non plus confié à une personnalité qualifiée indépendante le soin d'organiser une réflexion générale hors du cadre partisan. Le Sénat a rendu un rapport qui a le mérite de rassembler diverses informations et analyses, de diagnostiquer une colère contre les institutions, mais aussi l'hétérogénéité des participants, soit l'absence de *« position univoque s'agissant des motivations des émeutiers »*. Pourtant, elle reste alignée sur la position présidentielle de refus d'interroger la politique policière et les pratiques des agents, et, faisant la part belle à une lecture pénale des événements, pèche donc par défaut de considération d'un certain nombre d'éléments déterminants concernant les émeutes et l'origine de cette colère.

Si l'on se reporte à la synthèse qu'a proposée la commission et qui présente ce que le Sénat veut faire savoir et ce autour de quoi il a d'ailleurs effectivement communiqué, on constate qu'elle met surtout l'accent sur un supposé effet d'entraînement des émeutiers, sans le définir : ainsi, *« nombre d'entre eux se sont laissé entraîner dans cette entreprise de chaos par le biais, notamment, des réseaux sociaux »*. Pourtant, aucune étude précise n'est citée (y compris dans le rapport complet), et pour cause, car il n'en existe pas. Le mécanisme qui consiste à rendre visible le fait que la police abuse de ses pouvoirs pourrait bien faire partie du processus d'indignation collective, qu'il s'agisse du caméscope du plombier californien ou de la jeune femme qui a publié la vidéo de la mort de Nahel. Pour autant, doit-on se fixer comme horizon une moindre transparence de l'État et des fautes des policiers, revenant sur l'un des principaux facteurs permettant aux victimes de se faire entendre par les juridictions, à savoir la « visibilité » policière permise par les moyens techniques ? S'il est probable que les « médias sociaux », un terme plus approprié, soient des accélérateurs de la diffusion du message, l'histoire nous apprend qu'ils ne sont pas indispensables à son éruption et à sa diffusion, et que les pointer du doigt ouvre le risque d'une limitation des libertés de s'exprimer, prise sans contrôle du juge, à la prochaine occasion de tension. Ce sera d'ailleurs le cas en Nouvelle-Calédonie un an plus tard.

La minimisation des déterminants socio-économiques des émeutes, tant pour les participants que pour les espaces concernés, est également notable. Ainsi, le rapport parle d'*« une "marginalité sociale" à nuancer »* et affirme que les émeutes *« débordent les quartiers sensibles »*. La commission concède toutefois (noter le « *cependant* ») que « *la présence d'un quartier prioritaire de la politique de la ville (QPV) reste cependant fortement corrélée à la survenue des émeutes en 2023, y compris dans les communes les moins peuplées : 74 % des communes dans lesquelles des violences ont été commises comportaient au moins un QPV*[11] ». Or il s'agit d'un élément essentiel : la concentration de la pauvreté et des difficultés économiques et sociales, mais aussi le moindre accès aux services scolaires ou médicaux, abondamment soulignés par le rapport de Jean-Louis Borloo en France, sont le terreau des comportements émeutiers, qu'il s'agisse de Saint-Denis, de Brixton à Londres ou de South Central à Los Angeles. L'expérience de la relégation, d'être considéré comme un citoyen de seconde classe, a partout un effet d'érosion de l'appartenance à la collectivité politique.

On sera surtout frappé par un élément essentiel : le fait que Nahel Merzouk soit tué par la police alors qu'il ne présente pas de menace est purement et simplement éludé. Le rapport mentionne un « *contrôle routier ayant entraîné la mort* ». Ainsi, en effaçant les mots « tir » et « policier », la commission rate l'essentiel : les liens étroits qui unissent pratiques policières violentes et émeutes. Poursuivant sur la ligne de l'exécutif, le travail du Sénat néglige la force de l'identité collective que se forgent les groupes sociaux victimes des mauvaises pratiques policières ordinaires. Les rapporteurs préfèrent voir dans les émeutes un « *mouvement qui n'avait, en définitive, que peu à voir avec cet événement tragique et qui ne portait pas de revendications identifiées* ». S'il est en effet clair qu'un mouvement qui dure une semaine et mobilise les segments les plus défavorisés de la population ne produit pas de cahier de doléances bien articulé (il suffit de se référer au temps qu'il a fallu au Sénat pour faire une analyse pour le comprendre), affirmer que les émeutes n'ont rien à voir avec le fait qu'un policier tue au nom de la loi un adolescent désarmé est simplement un contre-sens au vu des travaux de sciences humaines existants. De plus, le caractère systémique des problèmes de violence et de discrimination policières contre les minorités ethniques est, partant, également écarté. Et cela alors même que le policier tireur est passé par la fameuse compagnie de sécurisation et d'intervention de Seine-Saint-Denis (CSI 93) et la brigade de répression de l'action violente motorisée (Brav-M), deux unités connues

11 - Marco Oberti et Maela Guillaume Le Gall, « Analyse comparée et socio-territoriale des émeutes de 2023 en France » [en ligne], Sciences Po, 10 octobre 2023.

pour leurs pratiques agressives et parfois illégales, ce qui aurait dû attirer l'attention sur les itinéraires de certains agents et le manque de contrôle de l'administration à leur endroit. De manière emblématique, le mot « ethnicité » ou celui de « race » (ou leurs dérivés : « racisme », « ethnique », etc.) n'apparaît pas du tout dans la synthèse. Il en allait de même dans le rapport de la mission d'information du Sénat rendu en 2006 suite aux émeutes de 2005 : les comportements policiers, les mots « racisme », « discrimination » ou « violence policière » y étaient absents, et on se contentait de formuler l'idée d'un *« rapprochement police-population »*.

———

Ainsi, l'analyse politique des émeutes en a ôté la dimension non seulement policière, mais aussi ethnique, puis a minimisé la force de la concentration des désavantages. Le président de la République a fixé ce cap interprétatif. Et le rapport du Sénat a, lui aussi, supprimé du périmètre de l'analyse les deux éléments qui sont les plus à même de qualifier ce type d'événement, en France et dans les quelques autres pays qui sont concernés : l'abus de pouvoir, l'usage mortel des armes et la discrimination envers les minorités. L'histoire politiquement cachée des soulèvements émeutiers n'est autre que celle de la discrimination et de la force excessive utilisée par la police au nom de la République mais à l'encontre de l'égalité des droits. Les analyses produites par le système politique n'ont pas reconnu l'évidence. Cet aveuglement volontaire est, par sa constance, une singularité française, comme nous l'avons montré. Car si d'autres gouvernements sont tentés par l'esquive du blâme, rares sont les régimes qui ont fait durablement preuve d'une telle myopie. De plus, aucune force de police de l'Union européenne n'a, jusqu'à présent, manifesté l'arrogance qu'on a pu constater au cours des émeutes de 2023 : les responsables s'en sont pris au système judiciaire et à des règles de l'État de droit – avec la bénédiction de l'exécutif –, et ce alors même que l'usage des armes par des policiers est à l'origine de deux morts en quelques jours, Nahel Mezrouk et Mohamed Bendriss. De sorte que le problème policier en France sort renforcé par une lecture politique des dernières émeutes, ouvrant la porte à un renforcement de l'orientation vers une police d'attaque.

Cultures

Poésie

Le poète est parti

Guy Goffette (1947-2024)

Jean-Pierre Lemaire

Nous ne verrons plus au Marché de la poésie le chapeau à larges bords de Guy Goffette autour duquel on faisait cercle. Guy Goffette, qui vivait entre Paris et sa Belgique natale, nous a quittés à la fin du mois de mars 2024. Il nous reste le souvenir de l'ami attentif et généreux qui a donné leur chance à tant de poètes dans la grande maison d'édition pour laquelle il travaillait, Gallimard. Il nous reste ses livres.

Guy Goffette (1947-2024) est un représentant majeur de cette génération de poètes qui ont cru à une renaissance possible du lyrisme au tournant des années 1980, après une période d'anesthésie dans la décennie précédente où celui-ci était écarté au nom de la modernité et au profit du formalisme. Ainsi s'est développé un *« lyrisme du quotidien »*, où il s'agissait surtout de « donner à voir » au lecteur, où l'émotion partait de l'observation. Des poètes comme Paul de Roux et Gilles Ortlieb, que Guy Goffette a rejoints au sein d'un groupe d'amis qui se réunissait sous le patronage de leur aîné Jacques Réda, sont de bons témoins de ce nouvel art poétique.

Cependant, il n'est pas sûr que l'expression « lyrisme du quotidien » convienne exactement à la poésie de Guy Goffette, ou du moins qu'elle permette de cerner son originalité dans le groupe. Il y a peu de « scènes de genre » chez lui : un grand élan bouscule le décor, les objets familiers, et nous emporte, par-delà ses collines ardennaises, jusqu'à la mer, mot final de tant de ses poèmes. Ceux-ci nous confrontent vite aux éléments premiers pourvus d'un article défini (la mer, le vent, la nuit) et finalement nous laissent devant les grandes questions de la vie et de la mort. C'est la condition de l'homme en général qu'ils dépeignent.

Cet élan insatiable nous invite naturellement au voyage. Guy Goffette est un poète perpétuellement en « partance » et ses titres témoignent de cette fringale de dépaysement après quarante ans passés en Lorraine belge : « Bureau des longitudes », « Graines de nomadie », « Bucarest impair et passe »… Dans cet univers, les personnes, les choses existent fortement, elles pèsent leur poids de chair et de terre, mais elles sont dépassées, traversées par la quête de la *« vie promise »* qui est toujours, comme la poésie selon Eugène Guillevic, *« autre chose »*.

> *Je me disais aussi : vivre est autre chose*
> *que cet oubli du temps qui passe et des ravages*
> *de l'amour, et de l'usure — ce que nous faisons*
> *du matin à la nuit : fendre la mer,*
>
> *fendre le ciel, la terre, tour à tour oiseau,*
> *poisson, taupe, enfin : jouant à brasser l'air,*
> *l'eau, les fruits, la poussière ; agissant comme,*
> *brûlant pour, marchant vers, récoltant*
>
> *quoi ? le ver dans la pomme, le vent dans les blés*
> *puisque tout retombe toujours, puisque tout*
> *recommence et rien n'est jamais pareil*
> *à ce qui fut, ni pire ni meilleur,*
>
> *qui ne cesse de répéter : vivre est autre chose*[1].

Pourtant, la leçon des lendemains désenchantés du romantisme n'a pas été oubliée et Guy Goffette ne se lasse pas de répéter le constat d'Arthur Rimbaud : *« On ne part pas. »* On est aussi frappé par l'importance que prennent dans cette œuvre les mythes de la chute : celui d'Icare,

---

1 - Guy Goffette, *Éloge pour une cuisine de province* [1988], suivi de *La Vie promise* [1991], préface de Jacques Borel, Paris, Gallimard, coll. « Poésie », 2000, p. 181.

bien sûr, mais aussi celui du jardin d'Éden, dont le souvenir nous hante quand *« chacun pour soi se retrouve / de part et d'autre de la clôture »*. Aussi cette poésie, malgré les accents gouailleurs et affranchis qu'on y trouve à l'occasion, est-elle souvent au bord des larmes :

et tout s'éclaire désormais
comme si la fontaine en nous muette

depuis tant d'années avait retrouvé
sa source et coulait ronde et paisible

sur nos joues[2].

Cependant, l'impression d'ensemble que laisse cette œuvre n'est ni sombre, ni amère. Guy Goffette partage avec Paul Claudel, qu'il admire et défend, cette qualité d'être *« roboratif »*, selon le mot de Jacques Réda. Il y a chez le poète ardennais une santé foncière, un humour, une légèreté, on voudrait dire une insouciance, qui font qu'Icare se relève, qu'on repart de plus belle après chaque déconvenue. Il joue avec les mots (*Flache back*, *Presqu'elles*, *La Ruée vers Laure*), avec les rythmes (« Blues à Charlestown » – alias Charleville). La quête, où l'homme ne se dissimule pas qu'il est mortel, n'est pas incompatible avec une errance heureuse :

la beauté, c'est que tout
va disparaître et que, le sachant,
tout n'en continue pas moins de flâner[3].

Une telle philosophie de la vie relève-t-elle de l'épicurisme (au sens courant) ? Oui, si l'on songe à la sensualité de nombreux poèmes, à la fascination du poète pour les femmes aux *« jambes gainées d'orages »*, pour les sirènes qui *« rajustent leurs bas »*. La différence avec le simple hédonisme, c'est qu'on regarde toujours au-delà de l'instant du plaisir vers l'horizon de l'amour qui *« demeure / très au-dessus / comme un bel éclair qui dure »*. Plutôt que d'une morale du *Carpe diem*, il faudrait sans doute parler d'une confiance sans

---

2 - G. Goffette, *L'Adieu aux lisières*, Paris, Gallimard, coll. « Blanche », 2007, p. 155.
3 - G. Goffette, *Éloge pour une cuisine de province* suivi de *La Vie promise*, op. cit., p. 187.

cesse renouvelée dans les cadeaux imprévus que la vie peut nous faire et dans cette *« vie promise »* elle-même, l'emportant sur *« la noire et lourde argile des fatigues »*; il arrive même à Guy Goffette de prier pour *« aller au paradis avec Jammes »*…

Mais si la vie promise est un horizon qui recule à mesure que nous avançons vers lui, cette « promesse » n'est-elle pas chimérique ? Il y a cependant une forme de l'amour bien présente dans l'œuvre de Guy Goffette. À des élèves qui l'interrogeaient sur ses poèmes, il confiait un jour : *« La seule chose qui m'intéresse aujourd'hui, c'est la bonté. »* La compassion lui fait retrouver, par-delà les malentendus, le regard pur de l'enfance sur son père puisatier auquel il a consacré un beau récit, *Géronimo a mal au dos*. Il sait parler avec tendresse des animaux, d'une chienne brièvement hébergée autrefois, de ce cheval à Turin *« qui lécha le visage de Nietzsche »*. Dans la suite poétique qu'il consacre au tableau de Jacopo Bassano, *Lazare et le mauvais riche*, le scandale qui le retient, c'est *« l'indifférence des vivants / pour les vivants »*. Tout au long de l'œuvre, Guy Goffette a manifesté sa sympathie envers ses confrères les poètes dans ses *« dilectures »*, heureux néologisme dont l'étymologie nous renvoie à la lecture et à l'amour. C'est là, peut-être, que se trouve chez Guy Goffette, la *« porte »* que réclamait Paul Claudel quand il s'écriait : *« Une porte, une porte, ô mon âme, une porte pour sortir de l'éternelle vanité ! »* Non pas une porte donnant sur des horizons lointains, mais une porte latérale, ouverte au prochain. Guy Goffette y a longtemps rempli la fonction de *« passeur de livres en partance »*. Le *« pauvre pêcheur d'eau »* a ramené dans son filet des poètes, des lecteurs, les siens et ceux des autres. Il est devenu à sa manière « pêcheur d'hommes ».

Histoire

Mémoire du catholicisme

Jean-Louis Schlegel

La formule « Voir, juger, agir » de l'Action catholique spécialisée par « milieux » n'était pas un slogan ou une devise, mais la formulation, devenue emblématique, d'une méthode ou d'une pédagogie, pour observer ce qui naît de la rencontre du monde et d'autrui, le discuter et le comprendre « en équipe », et prendre les décisions qui s'imposent pour l'action. Le livre dirigé par Bernard Giroux, qui croise les analyses historiques et sociologiques avec des expériences et des témoignages de militants, donne de très nombreuses informations sur la croissance, les forces et les faiblesses, les succès et les échecs de ces mouvements à partir de 1927 (naissance de la Jeunesse ouvrière chrétienne). À partir de 1945, ils créeront leurs prolongements adultes et, dans les années 1950, ils deviennent quasi hégémoniques dans l'Église de France (par opposition aux « simples catholiques » des paroisses, qui rassemblent le tout-venant des « pratiquants » et des « demandeurs de sacrements »).

Est-il significatif que le sous-titre n'évoque pas l'éducation de la jeunesse à la foi, mais l'*« éducation populaire »*, dont ces mouvements ont été et sont participants ? Pourtant, la Jeunesse ouvrière chrétienne surtout, mais aussi la Jeunesse agricole catholique devenue le Mouvement rural de la jeunesse chrétienne, la Jeunesse indépendante chrétienne, la Jeunesse étudiante chrétienne et la Jeunesse maritime chrétienne voulaient *« reconquérir leurs frères »* à l'Évangile et à l'Église. Ils n'ont pas mis cet objectif sous le boisseau, mais le paradoxe est celui-ci : en fin de compte, la réussite essentielle est venue du rôle qu'a joué dans ces mouvements, jusque dans les années 1960, la *formation humaine* (politique, sociale, économique) de leurs militants, formation à la prise de parole publique, aux techniques d'organisation et d'animation, à l'économie, au droit, ce qui en fera, pour plusieurs décennies à partir de 1945, à la fois des cadres et des responsables compétents dans leur domaine, et des gens persuadés des bienfaits de la modernisation (agricole en particulier), sans compter finalement une forme d'émancipation de leur « milieu » (familial et autre).

À noter que la création, dès les années 1930, de branches féminines (et donc le choix de la non-mixité) a poussé voire obligé aussi les filles catholiques à se prendre en main et à *« se représenter elles-mêmes »*, donc à acquérir des compétences « modernes » et à imaginer la place des femmes dans la société de manière bien plus ouverte que l'Église et la culture genrée de l'époque ne l'admettaient. Des hommes sont malgré tout fortement présents dans les branches féminines : les aumôniers, vecteurs décisifs, avec leur aura à la fois d'adultes et de prêtres. Un chapitre du livre (par Myriam Bizien-Philippi) revient sur les questions posées, à la Jeunesse ouvrière chrétienne féminine surtout, par l'adhésion de jeunes musulmanes (dans les années 1970), la réticence et même le refus d'envisager leur conversion (éventuellement pour les protéger contre les réactions de leur entourage) et la proposition de transformer le « C » du sigle JOC pour en faire la « Jeunesse ouvrière croyante » !

Une série de conflits avec l'épiscopat, surtout à la Jeunesse étudiante chrétienne, à partir de la fin des années 1950, le « tout politique » après Mai 68 (aussi au Mouvement rural de la jeunesse chrétienne) et les contestations dans l'Église post-Vatican II amorcent le déclin de l'Action catholique spécialisée (comme d'autres mouvements d'Église, à l'exception notable du scoutisme). On ne peut certes exclure un sentiment de lassitude devant l'échec de la « mission » ou de vanité de l'effort pour *refaire chrétiens nos frères* mais, quoi qu'il en soit, avec les « boomers » et les générations d'après 1945, une rupture générationnelle a lieu dans les années 1970 avec la culture militante des parents catholiques (il en est allé de même au Parti communiste, entre autres). Néanmoins, la raison principale du décrochage réside sans doute d'abord dans une société profondément changée par les Trente Glorieuses et le tournant sociétal à partir des années 1970, quand l'individualisme et le consumérisme, la « vie matérielle », les techniques de communication de toute sorte submergent tout.

On peut lire, en contrepoint de ce catholicisme de militants, ce qu'est devenu celui des paroissiens, et sur un exemple emblématique : celui de la Bretagne, longtemps symbole des régions restées catholiques. Le contraste entre ce qu'était cette Bretagne et ce qu'elle est devenue est clairement marqué dans la structure du livre d'Yvon Tranvouez : au « Moment 1905 » de la première partie répond la seconde, tout simplement intitulée « Cent ans après ». À travers des figures – un prêtre, un évêque d'exception qui resta à Quimper pendant trente-huit ans, la mémoire disputée d'un poète breton tué au front en 1917 –, le professeur émérite à l'université de Brest ressuscite, avec sa formidable culture historique non dénuée d'empathie ni d'humour, la Bretagne de jadis, sa vie paroissiale et diocésaine, sa piété très encadrée, ses calvaires, ses fêtes, sa « *civilisation* » et ses coutumes locales gardées par une langue propre, ses « *têtes dures* » aptes à supporter des conditions rudes et des conflits vifs au-dehors et au-dedans.

Cent ans après, que reste-t-il des amours et des beaux jours d'une Bretagne catholique passée entre-temps par l'engagement des mouvements (en particulier la Jeunesse agricole catholique) et la modernisation industrielle (aujourd'hui stigmatisée) ? Peu, en apparence, comme le résume de manière lapidaire le titre du premier chapitre : « La décomposition de la chrétienté bretonne ». Mais pas rien non plus, comme le nuancent excellemment les derniers chapitres. Tranvouez fait une analyse très fine

de l'importance, désormais, du patrimoine, de l'héritage culturel et des avatars qui ont fait passer du culte à la culture, au point qu'« *une mémoire bretonne du catholicisme s'est substituée à la mémoire catholique de la Bretagne* ». Et les « incroyants » se retrouvent très bien dans cette substitution. Ce faisant pourtant, sans le savoir, la Bretagne catholique s'est largement alignée, sous le vernis bretonnant, sur le destin général de la religion dans la France déchristianisée.

Voir, juger, agir.
Action catholique, jeunesse
et éducation populaire
(1945-1979)
Sous la dir. de Bernard Giroux
Presses universitaires de Rennes, 2022, 222 p., 22 €

La puissance et l'effacement.
Destin du catholicisme breton
(fin XIXe-début XXIe siècle)
Yvon Tranvouez
Presses universitaires de Rennes, 2022, 238 p., 22 €

Freud and Psychoanalysis
Six Introductory Lectures

John Forrester
Édition de Lisa Appignanesi
Polity, 2023, 224 p., 20 €

Freud and Psychoanalysis est un ouvrage posthume de John Forrester (1949-2015), ancien directeur d'une revue, *Psychoanalysis and History*, qui se donne deux mandats, *« l'étude de l'histoire de la psychanalyse »* et *« l'application d'idées psychanalytiques à l'historiographie »*. L'auteur est semblablement partagé entre le désir de comprendre l'histoire de la psychanalyse et celui de défendre la validité de cette théorie.

Forrester insiste sur la large dissémination des idées de Freud, qui auraient imprégné la culture contemporaine, au sens anthropologique du terme. *« Nous vivons dans un univers freudien. Freud est le climat même dans lequel nous menons notre vie. Il est omniprésent dans notre culture. […] Son œuvre sature nos façons de voir et de penser. »* Le *« savoir freudien »* aurait *« profondément pénétré l'inconscient culturel du XXᵉ siècle »*. La psychanalyse *« existe non seulement en tant que pratique thérapeutique »*, mais aussi en tant que *« langage »*, et celui-ci s'est *« rapidement infiltré dans la vie et les conversations de tous les jours »* ; ainsi, cette théorie a entraîné des *« effets sociaux »* fort différents de ceux entraînés par les théories d'autres *« intellectuels modernes »*.

Par cette infiltration, les théories psychanalytiques auraient rejoint *« ces savoirs que "tout le monde connaît" »*, ceux dont les origines ont été à ce point oubliées qu'ils semblent désormais *« relever du sens commun »*. Par exemple, *« l'idée de se sentir tiraillé* [feeling conflicted] *– si familière aujourd'hui […] qu'elle semble banale – vient de Freud »*. Les prédécesseurs de Freud auraient donc été incapables de nommer leurs conflits intérieurs. Voilà une hypothèse qui ne convainc guère, vu que bien des idiomes qui préexistaient à l'idiome analytique ont aussi permis de trancher les conflits intérieurs, souvent en dépeignant l'individu comme un terrain de bataille entre des quasi-agents. C'est ce qui fait qu'Hergé, par exemple, pouvait rendre aisément intelligibles à ses lecteurs les hésitations du capitaine Haddock (dans *Coke en Stock*) ou de Milou (dans *Tintin au Tibet*) sans s'appuyer sur Freud : en dépeignant leurs hésitations comme des débats intérieurs entre leur double angélique et leur double démoniaque.

De la même manière qu'il rapproche la théorie psychanalytique des mœurs contemporaines, Forrester rapproche la psychanalyse de la *folk psychology*, c'est-à-dire de la « psychologie » à laquelle nous recourrons tous quotidiennement lorsque nous rendons compte de nos gestes les uns aux autres en les expliquant par des croyances, des désirs, des motifs et des émotions. Bien des chercheurs ont montré que les discussions dans lesquelles nous nous demandons et nous rendons des comptes sur nos actions permettent non seulement d'expliquer celles-ci, mais aussi d'évaluer leur conformité à différentes exigences sociales ; ces discussions servent donc aussi à négocier et à ordonner des interactions entre partenaires sociaux. Or malgré son intrication avec la vie collective, Forrester soutient que la *folk psychology* est *« un système épistémique* […] *visant à nous aider à ne pas être anéantis par la vie sociale »*. Ainsi, si les pages sur l'omniprésence de la psychanalyse et la marque qu'elle a laissée sur la culture laissent penser que l'auteur cherche à comprendre les liens qui rattachent la psychanalyse à son contexte culturel et social, il tend malgré tout à se rallier à l'image canonique de la psychanalyse, celle d'une théorie fondamentalement asociale.

Forrester fait preuve de la même hésitation en ce qui concerne la cure psychanalytique. À certains endroits, il propose de jeter sur elle un regard nouveau : comme son patient est appelé à *« décrire l'intérieur de son esprit comme s'il était un spectateur »* et que l'analyste tente *« d'être un observateur objectif, de conserver un sentiment de non-implication avec le patient »*, la psychanalyse semble un *« processus descriptif »*, une démarche de pure observation ; en réalité, dit Forrester, entre ces deux personnes *« qui ne se touchent pas, ne bougent pas de leurs chaises et ne font rien, la parole devient incroyablement active, puissante et affective »*. Il esquisse là une conception de la cure aux antipodes de celle, si influente, créée par Freud. Aux yeux de ce dernier, il n'existerait pas, au fond, de relation entre l'analyste et le patient ; la cure, parce qu'elle renvoie le patient à lui-même, tiendrait moins de la relation interpersonnelle que de la relation intrapersonnelle (elle s'apparenterait à une démarche introspective). L'attachement fréquent du patient à l'analyste, ne pouvant être expliqué par leur relation (inexistante), devrait être expliqué autrement : comme un transfert par le premier sur le second de sentiments s'adressant en réalité (inconsciemment) à un parent.

Or si Forrester affirme que la cure est bien une relation réelle, il dit tout de même accepter la théorie selon laquelle la réaction du patient à l'analyste constituerait un transfert vers ce dernier de sentiments dirigés en réalité vers un parent. La relation à ce dernier serait seulement *« vécue [experienced] comme une relation immédiate et réelle à l'analyste »*. Et Forrester applaudit la décision qu'aurait prise l'anthropologue Ernest Gellner de recourir à cette théorie du transfert : il aurait affirmé que ce phénomène de transfert expliquerait en bonne partie le succès prodigieux de la psychanalyse. Or c'est là un contresens, puisque Gellner déclare en termes sans équivoques que l'explication des réactions émotionnelles du patient à son analyste que propose la théorie du transfert ne le convainc pas : *« Si ce type d'explication vous satisfait, alors n'importe quoi vous donnera satisfaction*[1] *»* Qui plus est, Gellner esquisse dans le même livre une autre explication de ces réactions du patient à l'analyste, fondée sur l'idée que la relation entre ces deux personnes est bien réelle.

Ainsi, Forrester dépeint Gellner, auteur fort peu freudien, comme quelqu'un qui n'aurait tout de même pu s'empêcher de jeter sur la vie, lui aussi, un regard psychanalytique. De même, Forrester écrit que si George Orwell *« était sceptique à l'égard des théories de Freud »*, ces dernières, malgré tout, *« semblent s'infiltrer »* dans *1984* ; que si Vladimir Nabokov était hostile à la psychanalyse, cette dernière, malgré tout, *« imprègne son œuvre »* ; etc. De cette façon, Forrester rejoint Samuel Lézé, aux yeux de qui *« l'anti-freudien »* est *« freudien malgré lui*[2] *»*.

Ces variations sur le thème de la vanité de la résistance à la psychanalyse et de l'inévitabilité de cette théorie (sans laquelle nous serions même privés d'une partie de notre sens commun) permettent de comprendre la raison d'être des passages du livre dans lesquels Forrester insiste sur son impact culturel large et profond. Forrester ne tente pas dans ces passages de décrire et de comprendre un phénomène historique ; car il ne s'interroge pas, comme le ferait un historien, sur les sources de la réceptivité à la psychanalyse de notre société moderne, sur les fonctions qu'y remplit l'idiome analytique, sur les pratiques qu'il rend possible, etc. La détermination avec laquelle il entreprend de trouver jusque chez les réticents à la psychanalyse des traces de son influence laisse deviner que tous ces passages qui traitent la psychanalyse comme un tsunami irrésistible visent surtout à inspirer chez le lecteur le sentiment de la puissance de cette théorie.

Jean-Baptiste Lamarche

1 - Ernest Gellner, *La Ruse de la déraison. Le mouvement psychanalytique* [1985], trad. Pierre-Emmanuel Dauzat, Paris, Presses universitaires de France, 1990, p. 67.

2 - Samuel Lézé, *Freud Wars. Un siècle de scandales*, Paris, Presses universitaires de France, 2017, p. 109.

État secret, État clandestin

Essai sur la transparence démocratique

Sébastien-Yves Laurent
Gallimard, 2024, 360 p., 22,50 €

Le livre de Sébastien-Yves Laurent est aussi éclairant qu'inquiétant. Il analyse en détail la place de ce qu'il appelle l'*« État secret »* dans une démocratie libérale, où les exigences de transparence cohabitent avec un ensemble structuré d'institutions et de pratiques largement couvertes par le secret de défense et dédiées aux missions les plus régaliennes de renseignement et de sécurité.

Recherchant les traces de la mise en place de cet État secret, l'auteur – historien devenu politiste – montre que le secret a toujours été lié au pouvoir étatique et – reprenant les analyses d'Alain Dewerpe – qu'il s'est structuré au XIXᵉ siècle, lorsque l'État-nation s'est bureaucratisé[3]. Les premiers chapitres montrent ensuite comment la philosophie politique libérale a pu *« lentement travailler l'État »*

3 - Voir Alain Dewerpe, *Espion. Une anthropologie historique du secret d'État contemporain*, Paris, Gallimard, coll. « Bibliothèque des histoires », 1994.

et lui imposer un certain niveau de publicité, au point d'obliger la puissance publique à *« légaliser »* une partie de ses pratiques secrètes.

L'un des apports du travail de Sébastien-Yves Laurent est en effet de décrire l'apparition d'un *« État secret légal »*, qui repose sur la mise en place progressive d'une classification des informations secrètes, d'un statut légal pour les activités de renseignement et leurs moyens et d'un contrôle externe des services spécialisés. Pour l'auteur, *« le droit renforce l'État secret »*. Une comparaison internationale montre qu'aux pratiques de confidentialité bien ancrées dans les traditions britanniques et américaines répond *« l'erratique secret de la défense nationale français »*. L'invocation du secret de défense en France a en effet permis à l'État de résister aux investigations judiciaires touchant ses activités régaliennes, au risque de surclassifier des informations qui ne relèvent pas de la protection de la sécurité nationale et de verrouiller les archives du renseignement, freinant ainsi le développement des *Intelligence Studies* françaises.

Mais on peut s'étonner de ce que l'auteur n'accorde que peu de poids à la réforme de 2015, qui a légalisé en France les missions des services de renseignement et leur a accordé de nouveaux moyens techniques en contrepartie d'un dispositif de contrôle indépendant. C'est qu'il y voit surtout une concession faite aux « *temps nouveaux de la transparence* », qu'il considère comme la nouvelle injonction qu'impose le néolibéralisme à l'État. Il est vrai que les moyens administratifs et juridiques déployés depuis 2015 peuvent sembler insuffisants pour maîtriser le développement important des pratiques sécuritaires et des techniques de surveillance, notamment sous couvert d'anti-terrorisme. La légalisation officielle pourrait donc n'être qu'une vitrine pour satisfaire *a minima* aux exigences d'une démocratie moderne. C'est au moins le soupçon que la lecture de ce livre insinue dans l'esprit de son lecteur.

Mais le propos du livre est moins une relativisation de l'actuel État secret légal que la formulation d'une hypothèse encore plus radicale, qui trouve sa source dans quelques mots de l'ancien numéro 2 du Service de documentation extérieure et de contre-espionnage puis ministre Michel Roussin, selon lequel « *vouloir la transparence risque ainsi de conduire à la plus grande clandestinité et à l'opacité totale* ». Il y aurait donc, derrière l'État secret légal, un « *État clandestin* » qui évoluerait dans une sphère de « *non-droit* », au sens où le civiliste Jean Carbonnier avait évoqué cette notion comme une « *hypothèse* » en sociologie du droit.

Cet État clandestin serait un ensemble de pratiques occultes (surveillance numérique de masse, exécutions extrajudiciaires, opérations sous couverture…) que toute une ingénierie administrative protégerait de manière que l'État puisse toujours en nier l'existence. Pour accréditer ce soupçon, l'auteur reconnaît qu'il ne peut faire autrement que d'aller chercher des indices dans le passé et rappelle quelques « affaires » qui ont fait scandale en leur temps. Mais peut-on se contenter de rappeler d'anciennes dérives, même mémorables (de l'affaire Dreyfus aux micros du *Canard enchaîné* ou aux écoutes de l'Élysée) pour démontrer la persistance d'un mécanisme clandestin contemporain ?

L'auteur évoque également les « opérations homo », dont le président Hollande a reconnu quelques cas en 2015. Mais même ces exécutions extrajudiciaires à l'étranger, aussi secrètes soient-elles, ne sont pas dénuées de toute dimension juridique, puisque le Code de la sécurité intérieure reconnaît aux services spécialisés la mission d'entraver les menaces affectant la vie de la nation et que leur légalité dépend de la manière dont on pourrait considérer – ou non – que leurs cibles soient considérées comme des combattants hostiles agissant sur un terrain d'opération au sens des règles de droit des conflits armés.

L'existence d'un véritable État clandestin structuré, allant au-delà de simples stratégies traditionnelles de brouillage de certains dossiers confidentiels, est donc indémontrable à ce jour. Cela ne veut pas dire que l'hypothèse ne doit pas être posée en permanence. Car l'ouvrage met en garde sur le fait que tout progrès de l'État légal secret pourrait renforcer en contrepartie la clandestinité pour passer sous les radars des contrôles.

Au risque de transposer au cas français l'ancienne thèse du *« gouvernement invisible »* aux États-Unis, Sébastien-Yves Laurent accroît notre vigilance citoyenne et entretient une inquiétude permanente face à une bureaucratie sécuritaire en plein essor et à un dispositif juridique de contrôle encore lacunaire et nécessairement perfectible. Il faut prendre au sérieux les dernières pages de l'ouvrage sur *« le clandestin dans un environnement numérique anarchique »*. La structure mondialisée et peu contrôlable du cyberespace incite en effet tous les acteurs (États, entreprises, services de renseignement, *hackers*…) à en user pour mener des opérations difficiles à retracer. Cela conduit l'auteur à conclure que *« l'avenir des États n'en est que plus précaire »*, ce qui est paradoxal à la fin d'un ouvrage qui met en lumière la puissance des pratiques secrètes étatiques. Mais la supposée résistance de l'État clandestin n'est peut-être au fond qu'un raidissement contre le risque d'une privatisation rampante des activités de renseignement, à l'heure où la collecte tous azimuts des *data* est devenue le socle d'une nouvelle puissance économique, voire politique.

Bertrand Warusfel

L'avenir se joue à Kyiv
Leçons ukrainiennes
Karl Schlögel
Traduit par Thomas Serrier
Gallimard, 2024, 432 p., 25 €

Karl Schlögel, historien de l'Union soviétique et de l'Europe centrale et orientale post-soviétique, est peu connu en France. Cette lacune est heureusement comblée par la traduction de son livre de 2015 sur les villes ukrainiennes, auquel il a ajouté une préface allant jusqu'en avril 2022. Réponse à l'annexion violente de la Crimée par la Russie, qui n'a jamais accepté sa séparation avec l'Ukraine, devenue l'obsession de Poutine. La politique russe n'a jamais réellement admis l'indépendance de l'Ukraine depuis 1991. Les élites et la population russes ont considéré l'État ukrainien comme une création artificielle et temporaire. *« Il est impossible de nous ôter du cœur la conviction que les *Ukrainiens font partie de notre peuple »*, affirmait Eltsine en 1997. La même année, Zbigniew Brzezinski écrit dans *Le Grand Échiquier* : « *Sans l'Ukraine, la Russie cesse d'être un empire, mais le devient automatiquement avec une Ukraine subordonnée.* »

L'avenir se joue à Kyiv n'est pas une nouvelle histoire de l'Ukraine, mais un parcours historique, culturel et esthétique du pays. Dans les deux avant-propos, Karl Schlögel avoue son désarroi devant ce qu'il n'hésite pas à qualifier d'impuissance européenne à prévoir puis à mesurer la gravité de l'invasion russe. Il jette son regard sur les villes de Kyiv, Odessa, Yalta, Kharkiv, Dnipro, Donetsk, Chernivtsi et Lviv, chacune évoquant un passé particulier : les empires des Habsbourg et le tsarisme, dont les traces architecturales sont encore si visibles à Lviv ; les sociétés multiethniques dans lesquelles Russes, Grecs, Allemands, Tatars, Juifs en Galicie ou à Odessa, ont joué un rôle important. À la fin de la Première Guerre mondiale, les empires allemand, austro-hongrois et ottoman furent démembrés. La Pologne récupéra ses anciennes provinces de Galicie et de Volhynie occidentale. La Roumanie hérita de la Bucovine autrichienne et de la Bessarabie russe (future Moldavie). La Tchécoslovaquie reçut la Ruthénie subcarpatique. Le sol ukrainien devint le théâtre d'une guerre civile d'une violence inouïe, où les luttes entre Rouges et Blancs s'ajoutèrent aux pogroms contre les Juifs. On assista à des déplacements massifs de populations et déjà à une terrible famine qui fit 700 000 morts en 1921. L'expérience soviétique de l'entre-deux-guerres est marquée par l'Holodomor qui a décimé un cinquième de la population. Quant à la Seconde Guerre mondiale, les horreurs de l'Holocauste et de l'occupation allemande, les violences et les massacres entre Ukrainiens, Polonais et Russes ont laissé, au travers de la figure contestée de Stepan Bandera, des séquelles toujours vives.

Pourquoi cette guerre fratricide ? La tragédie de l'Ukraine est de s'être trouvée entre les mondes russe, polonais-lituanien, austro-hongrois et tataro-turc, au milieu d'un vaste isthme reliant la Baltique à la mer Noire, entre l'Europe centrale et orientale et l'Europe slave et orthodoxe, entre les nomades de la steppe et les habitants des forêts. Si l'Ukraine tombe, la décomposition de l'Europe est assurée, conclut l'auteur. L'avenir de l'Europe se joue à l'Est.

Eugène Berg

Comment s'invente la sociologie

Parcours, expériences et pratiques croisés

**Luc Boltanski,
Arnaud Esquerre
et Jeanne Lazarus**

Flammarion, 2024, 448 p., 24 €

Comment s'invente la sociologie est un ouvrage réflexif écrit par trois sociologues aux affinités intellectuelles partagées, puisqu'Arnaud Esquerre et Jeanne Lazarus ont été formés auprès de Luc Boltanski. Mais ils appartiennent à des générations différentes et reviennent ainsi sur leurs expériences respectives des années 1960 à 2023.

L'histoire de la sociologie n'est pas indépendante de celle de la société qu'elle étudie et au sein de laquelle ses praticiens évoluent. Qui plus est, ses objets d'étude sont souvent déterminés par l'actualité. Ses travaux peuvent être politisés et influent en retour sur le débat public : *« Ce rapport à la politique tend parfois à prendre une place prépondérante et à détourner l'attention du public de la manière dont les sociologues travaillent. Or c'est précisément ce sur quoi porte ce livre »*, écrivent les trois auteurs.

Comment fonctionne et se fait la recherche en sociologie ? En quoi les parcours et les intérêts des chercheurs en sciences sociales entrent en jeu dans la réalisation de leurs travaux ? *Comment s'invente la sociologie* ne livre pas de diagnostic sur l'état de notre société ou sur l'actualité de la discipline, et évite de proposer un traité d'épistémologie : il prend la forme vivante d'un dialogue.

Les trois sociologues reviennent sur leurs parcours respectifs et sur leurs échanges avec leurs pairs. Ils s'efforcent de montrer le *« lien entre la connaissance et la pratique de la recherche »*, autrement dit de mettre en lumière une *« épistémologie au sens pragmatique »*. Leur entreprise vise plusieurs publics. Tout d'abord, les étudiants en sciences sociales à qui ils espèrent faire comprendre la spécificité de la recherche en sociologie. Comme celle-ci étudie des phénomènes qui apparaissent évidents, tout l'enjeu est d'amener à un décalage du regard et de faire valoir une pluralité de points de vue. Comme l'écrit Luc Boltanski à propos de ses étudiants : *« S'ils voulaient que la sociologie contribue à la solution de ces problèmes [sociaux], il fallait qu'ils apprennent à construire une problématique qui puisse tenir compte à la fois de la position normative qu'ils avaient adoptée et d'autres positions, différentes, avec lesquelles elle entrait en conflit. »* Leur livre s'adresse par ailleurs à un public plus large, qui n'appréhende souvent la sociologie qu'à travers l'expertise.

Les propos des auteurs s'organisent autour de plusieurs thématiques. Ils abordent en premier lieu leurs parcours individuels et leurs travaux – résumés de façon un peu fastidieuse. Luc Boltanski est un proche de Pierre Bourdieu, avant de s'éloigner de l'auteur de *La Distinction* pour des raisons théoriques. Il développe une œuvre personnelle forte, à la fois abondante et variée en matière de sujets, des *Cadres* au *Nouvel Esprit du capitalisme*. Son inventivité conceptuelle conduit à le voir associé au courant de la *« sociologie de la critique »*, avec l'économiste Laurent Thévenot, coauteur de *De la justification*. Jeanne Lazarus est spécialiste de l'argent et des banques. Arnaud Esquerre a travaillé sur les sectes, l'astrologie, la censure et le rapport au corps, en lien avec l'État dans tous les cas, et a coécrit plusieurs ouvrages avec Luc Boltanski, notamment sur l'enrichissement et l'actualité politique.

Ils abordent ensuite les dispositifs structurants de leur discipline (laboratoires, revues, séminaires) ou encore la question de la transmission. L'enquête, l'écriture, la conceptualisation, la modélisation, la comparaison, le rapport avec d'autres disciplines, la question de la régularité et de l'incertitude font également l'objet de chapitres. Ils prennent le soin de distinguer les *« problèmes sociaux »*, par exemple les inégalités, des *« questions sociologiques »*, plus transversales, comme la primauté de l'individu ou de la société. Ils rappellent également les bricolages inhérents à toute enquête et l'inventivité méthodologique, alliant terrain et conceptualisation, nécessaires aux progrès de la sociologie. Plus généralement, leurs échanges témoignent de leur attention à ce que Luc Boltanski qualifie d'*« affaires »*, d'*« épreuves »* ou de *« compétences »*, autant de concepts distinctifs de son œuvre.

Enfin, le livre évoque longuement le rapport de la sociologie à la politique, entre contraintes, demandes sociales et politiques (commandes, recherches sur projet et évaluations). Ce faisant, il s'efforce de dégager certaines évolutions – d'un relatif compagnonnage pendant les Trente Glorieuses à une relation plus tendue ces dernières décennies. En effet, la *« politique vise à modifier une substance sur laquelle la sociologie entreprend de réfléchir. Une malédiction de la sociologie est d'avoir eu, pratiquement depuis qu'elle existe, à se défendre face au reproche de confondre ces deux horizons »*. Pour Jeanne Lazarus, la sociologie ne peut se contenter d'être seulement critique, sur le mode de la dénonciation, mais se doit d'envisager ce qui doit ou pourrait être fait, en esquissant des solutions. Luc Boltanski invite, à raison, à naviguer entre les deux écueils que sont le militantisme et une illusoire neutralité axiologique.

En dépit d'un titre un peu trompeur, puisqu'il s'agit de l'invention d'*une* sociologie, celle pratiquée par Luc Boltanski et ses émules, cet essai propose une plongée stimulante voire salutaire dans l'atelier des trois sociologues.

Benjamin Caraco

Répondre – du secret
Séminaire (1991-1992)

Jacques Derrida
Éd. Ginette Michaud
et Nicholas Cotton
Seuil, 2024, 560 p., 33 €

C'est toujours un plaisir que d'assister aux cours d'un tel enseignant, même en différé, grâce à cette édition si scrupuleusement établie et annotée. Jacques Derrida (1930-2004) a rédigé 14 000 pages imprimées pour les séminaires qu'il a tenus durant une quarantaine d'années, d'abord à l'École normale supérieure puis à l'École des hautes études en sciences sociales. Ce volume correspond à une sorte d'introduction générale aux « Questions de responsabilité » qu'il examinera durant une décennie, en y traitant aussi bien « l'hospitalité » que « le parjure et le pardon » ou « la peine de mort ». Dans la présentation des douze séances de ce séminaire intitulé « Le secret », il indique qu'il abordera le secret en ce qu'il est lié à *« un appel à la responsabilité »*. Il précise qu'il suivra la thématique et *« la production des "effets de secrets" dans certaines œuvres littéraires (Melville, James, Poe, Baudelaire) »*, qu'il élaborera une *« problématique de la "curiosité" à partir des textes de Baudelaire, Freud, Heidegger, etc. »*, à chaque fois en s'attardant sur *« la généalogie sémantique du cryptique ou de l'hermétique »*.

Il s'agit d'un enseignement, c'est-à-dire d'une réflexion philosophique par étapes, dont l'élaboration incrémentale prend appui sur des textes que Derrida décortique avec une grande érudition en y confrontant diverses traductions, en pointant les « intraduisibles » et en travaillant sur l'étymologie, aussi bien de termes grecs et latins que de termes hébreux, allemands, anglais ou français. On y croise Abraham et Isaac, Dieu, Jésus, Melville et Bartleby, Levinas, Augustin, Poe et Baudelaire, Freud, Heidegger, Kant, Kierkegaard *(Crainte et Tremblement)*, Hegel et Jan Patočka, en particulier son texte « La civilisation technique est-elle une civilisation de déclin, et pourquoi ? ». Le lecteur est impressionné par l'unité d'une pensée aussi foisonnante. Derrida ose des digressions qui ne s'écartent de son sujet d'étude que pour mieux y revenir. De temps à autre, il récapitule ses propos, mais jamais de façon scolaire et fermée sur elle-même, comme lors d'une séance de discussion, le 8 janvier 1992 : *« Quand j'ai, en durcissant un peu les choses, défini ou tenté de reconnaître trois significations, trois sémantiques du secret, selon les langues qui le disent — le grec, le latin et l'allemand : le cryptique, le* secretum *(ce qui est séparé ; "secret", c'est "se-cernere") ou le* Geheimnis —, *je voulais moins m'intéresser à l'étymologie ou à des effets de langue que désigner différentes "logiques" dans l'expérience du secret. Il va de soi que le fait que le "secret" au sens courant (le sens courant n'étant pas un sens naturel, le sens courant étant un sens devenu courant par sédimentation dans la culture), à savoir quelque chose que je sais, que quelqu'un qui dit "moi" et qui est conscient de soi sait et garde par-devers lui, ne dit pas — soit qu'il ne doive pas le dire, soit qu'il ne puisse pas le dire —, ce secret-là est un secret qui implique l'objectivité, c'est-à-dire le fait d'avoir un objet pour soi en soi et représentable comme un objet, une représentation objective, implique la conscience, le sujet conscient. »* Il faudrait poursuivre la citation, écouter le rythme de la parole, s'envelopper dans le tissu du texte pour saisir l'intensité de la réflexion qui semble aller de soi et qui mobilise tant d'autres pensées, elles-mêmes pensantes.

Ces douze séances en appellent d'autres, elles se déploient en interrogeant la question qui se révèle *autre*. Ainsi, le secret conserve en lui bien des secrets que l'inconscient freudien ne peut pas plus percer que la quête de la vérité selon Heidegger. Ce séminaire ouvre plus d'une piste, sans nous éloigner de la préoccupation de penser la responsabilité. Ainsi, plusieurs séances s'attachent à comprendre ce qu'est la mort chez Heidegger, ce que signifie l'expression d'« être-jeté-pour-la-mort », avec toujours en arrière-fond le secret, le couple Abraham/Isaac, le sacrifice, le sacré. À lire ces séminaires, on comprend ce que *penser* signifie et ce que ce travail exige de lectures, de temps de maturation, d'énonciation.

Thierry Paquot

Abus sexuels.
Écouter, enquêter, prévenir

Sous la dir. de Marie-Jo Thiel,
Anne Danion-Grilliat
et Frédéric Trautmann
Préface de Stéphane Joulain

Presses universitaires de Strasbourg,
2023, 442 p., 28 €

Plus forts car vulnérables !
Ce que nous apprennent les abus dans l'Église

Marie-Jo Thiel,
avec Patrick C. Goujon

Salvator, 2023, 236 p., 20 €

Marie-Jo Thiel a été l'une des premières, à la fin des années 1990, à alerter les évêques français sur les questions de pédophilie. Elle a beaucoup travaillé depuis sur les abus sexuels commis dans l'Église, seule ou en collaboration. Deux de ses derniers ouvrages embrassent le problème par deux côtés : un aspect qu'on pourrait dire technique et un autre relevant d'un diagnostic général.

L'ouvrage collectif revient sur les faits divulgués, surtout dans l'Église catholique (un tiers des contributions), pour les mettre en perspective dans une démarche d'accompagnement que synthétisent les trois verbes présents dans le sous-titre : *« écouter, enquêter, prévenir »*. D'abord sont analysés les mécanismes d'emprise psychologique et spirituelle qui mènent aux abus sexuels sur mineurs, souvent liés à des abus de pouvoir, spirituels ou « de conscience ». Juristes, avocats et psychiatres examinent ensuite les dispositions juridiques et institutionnelles prises, en particulier avec la convention du Conseil de l'Europe (dite de Lanzarote) en 2007 sur la protection des enfants contre l'exploitation et les abus sexuels. Enfin est ouvert *« le chantier de la prévention »*, qui implique, au-delà des signalements et des prises en charge individuelles, l'aspect systémique des dévoiements constatés, pour certains blocages fonctionnels (police, justice), voire pour la structuration même de grandes institutions civiles et religieuses.

La documentation fournie est importante, triée et vérifiée. Sur le fond, on soulignera le déplacement d'accent considérable dont témoigne, dans sa contribution, Jean-Marc Sauvé, président de la Commission indépendante sur les abus sexuels dans l'Église catholique en France (Ciase, rapport remis en 2021), avec la prise en compte des victimes, tandis que naguère primait l'attention au crime et au criminel.

Le second ouvrage cité confirme cette prise en compte, tandis que son sous-titre, *Ce que nous apprennent les abus dans l'Église*, introduit à une double critique : celle d'un certain état de civilisation, centré sur la promotion de l'autonomie individuelle, et celle du fonctionnement institutionnel d'une Église (catholique) hiérarchisée autour d'un clergé masculin célibataire. Dans l'un et l'autre cas serait déniée la vulnérabilité de l'être humain, donnée comme une *« porosité existentielle »*, source de danger certes, mais aussi ouvrant à la relation. Pour le modèle catholique, Marie-Jo Thiel parle d'un *« verrou cléricaliste "sexe, genre, pouvoir" »* dont elle démonte le triste exemple avec l'affaire de l'évêque Santier. Profondément, c'est à une révision de la théologie qu'elle en appelle, tant pour le rapport au sacré que dans la considération du Christ vulnérable.

Un entretien avec le P. Goujon, lui-même victime d'un prêtre dans son enfance, clôt le livre. Y est en particulier pointée la sidération qui frappe les victimes d'abus, blessées d'une violence hors langage, d'une *« inguérissure »* inaccessible à quelque thérapie, mais rappel présent de vulnérabilité. De l'autre côté – épilogue du P. Goujon – est dénoncé le glissement véritablement pervers de la maximisation de la morale en minimisation du crime, au mépris de toute loi proclamée.

René Heyer

Ayn Rand
L'égoïsme comme héroïsme

Mathilde Berger-Perrin
Michalon, 2023, 128 p., 12 €

Nous les vivants
Ayn Rand
Traduit par Élisabeth Luc
Les Belles Lettres, 2023, 608 p., 23,90 €

Née le 2 février 1905 à Saint-Pétersbourg en Russie, sous le nom d'Alisa Rosenbaum, Ayn Rand est une figure singulière de la philosophie politique aux États-Unis. Écrite en anglais, encore peu étudiée en France, son œuvre, composée d'essais, de romans, de nouvelles et d'entretiens réunis après son décès en 1982, est une apologie de l'individu et de l'égoïsme rationnel.

Arrivée à New York le 14 février 1926, la jeune femme s'inscrit naturellement dans le « rêve américain », persuadée qu'un renom lui est dû. Elle acquiert la nationalité américaine en 1931. Elle perce dans le milieu cinématographique à Hollywood et connaît le succès littéraire, notamment grâce à l'écho de ses trois romans majeurs : *Nous les vivants* (1936), qui conspue le communisme, *La Source vive* (1943), qui loue le génie architectural, et *La Grève* (1957), qui rabroue l'étatisme, livre le plus vendu après la Bible en 2011. Dans ses périodes de dépression, elle s'assume en romancière éprise de ses héros charismatiques, tels John Galt, entrepreneur solaire de *La Grève*, ou Kira, héroïne tragique de *Nous les vivants*.

Republié par Les Belles Lettres en 2023, *Nous les vivants* est peut-être le roman le plus autobiographique d'Ayn Rand. Il évoque, en première lecture, la résistance de l'individu épris de liberté face au bolchevisme dans la Russie de 1922 et, en seconde lecture, la valeur de la vie humaine piétinée par l'État. L'histoire s'articule autour d'un trio amoureux composé de Kira Argounova, jeune fille qui ambitionne de devenir ingénieure et qui revient de Crimée après la révolution bolchevique, l'aristocrate Léo et le communiste scrupuleux Andreï, membre de la Guépéou. Les deux hommes sont opposés, mais également respectés par Kira, qui estime ceux qui vivent en accord avec leurs valeurs. Féminisation russe de Cyrus, prénom de l'emblématique personnage de *La Vallée mystérieuse* de Maurice Champagne, livre qu'elle découvre dans sa jeunesse, la belle Kira est écartelée entre Léo, son amoureux, et Andreï, son ami. Ayant ouvert un magasin, Léo est condamné pour crime contre l'État. Andreï, trahissant ses valeurs soviétiques, lui évite la prison, mais découvre sa relation avec Kira. Andreï se suicide, Léo bascule dans la prostitution masculine et Kira, cherchant à fuir, est criblée de balles à la frontière soviétique.

Essayiste à l'érudition philosophique parfois douteuse, Ayn Rand adule Aristote, en particulier sa loi de l'identité et son principe de non-contradiction. Elle rejette Kant, Hegel, Heidegger et Sartre. Elle prend ses distances avec Nietzsche, dont la hiérarchie entre les hommes et le rejet du libre arbitre l'indisposent. Elle s'en prend à des économistes comme Hayek, dépeint comme un penseur timoré. Inclassable sur le plan politique, elle incommode également le Parti démocrate et le Parti républicain. Elle promeut le capitalisme, loue la propriété privée, dénonce le *New Deal*, défend l'avortement, adopte l'isolationnisme en politique étrangère. Elle disqualifie l'altruisme. Juive athée, elle pourfend le christianisme. Elle accorde à l'État un rôle au service exclusif de l'individu. Elle professe une doctrine assez absolutiste et plutôt binaire, qu'elle nomme objectivisme, qui embrasse l'éthique, la politique, l'économie et l'art. Qui n'est pas complètement d'accord avec l'objectivisme est contre lui.

Figure de proue des libertariens, qu'elle méprise pourtant, Ayn Rand se démarque par une forme de radicalité cohérente qui séduit encore ses lecteurs et envoûte ses adeptes, qui lui vouent un culte de la personnalité. Sa force est qu'elle pousse au doute, mais sa volonté d'avoir réponse à tout contredit cette saine démarche. Le livre de Mathilde Berger-Perrin offre au lecteur curieux une introduction critique à la vie et à l'œuvre de cette icône américaine étiquetée à droite, mais en réalité plus subtile.

Philippe Boulanger

L'affaire de Newburgh
Aux origines du nouveau conservatisme américain

Tamara Boussac
Presses de Sciences Po, 2023,
240 p., 25 €

En juin 1961, la municipalité de Newburgh, petite ville de l'État de New York, vote une baisse des allocations de l'assistance sociale et un durcissement des conditions d'éligibilité. La ville subit le ralentissement de l'activité économique, précurseur de la crise urbaine des années 1960. Le discours local met en avant l'effroi des populations blanches quittant Newburgh devant l'arrivée massive d'une population noire venant du sud des États-Unis. Cette dernière, selon les élus locaux, profite de la générosité et du laxisme de l'aide sociale, symbolisés par le programme *Aid to Dependent Children*. Une partie de la presse salue le courage et le bon sens des élus, tandis que la gauche dénonce le racisme et la manipulation des chiffres. Effectivement, les Noirs ne sont pas plus allocataires que les autres.

Peu après, la cour suprême de l'État casse la réforme et tout aurait pu s'arrêter là. Le pays est, après tout, au cœur des années prospères du début du mandat Kennedy et rien ne semble arrêter le libéralisme triomphant. Or Tamara Boussac démontre que le scandale local se transforme rapidement en affaire nationale et va donner naissance à un questionnement inédit de l'assistance sociale et, plus globalement, à une redéfinition de la gestion de la pauvreté aux États-Unis.

Des liens supposés sont établis entre assistance, d'un côté, et insalubrité, fraude, paresse et immoralité, de l'autre. Le pauvre est inadapté, migrant (entendre : personne noire récemment arrivée du Sud) et profiteur d'un programme à la dérive. Le stéréotype est une mère noire célibataire, qui fait de multiples enfants nés de grossesses précoces et hors mariage.

La dénonciation et la lutte contre le principe même de l'assistance sociale, telle que définie par le New Deal, deviennent des thèmes de ralliement et de mobilisation. On assiste, selon l'autrice, à un renouveau conservateur au sein du Parti républicain, qui l'emporte sur la frange libérale, plutôt favorable à l'aide sociale. De l'autre côté de l'échiquier politique, ce sujet constitue un nouveau marqueur dans la lutte des droits civiques, et la question d'un droit constitutionnel de l'assistance aux pauvres est posée. Si la droite cherche à délégitimer l'expertise des travailleurs sociaux, ces derniers sont conscients de la nécessité d'une réforme. Celle-ci intervient dès 1962, met en avant les services, la formation et souhaite réhabiliter le pauvre, en faisant de lui plus seulement un bénéficiaire, mais un citoyen aidé vers le retour à l'emploi.

Cette question est aussi le symbole de la lutte entre la ville, d'un côté, et l'État et l'État fédéral, de l'autre. En étudiant un corpus inédit (parti, presse, pétition, courrier), Tamara Boussac montre que le consensus devant l'impôt est mis à mal. Le contribuable de la classe moyenne ne veut plus contribuer à une protection sociale qui lui paraît dénaturée face à des assistés improductifs. La crise de l'assistance sociale est multiple : sociale, raciale, économique et fiscale. Dans les années 1970, devant une crise structurelle, des mesures qui paraissaient extrêmes dix ans auparavant seront adoptées.

Grâce à cet ouvrage, Tamara Boussac remet en question la chronologie et l'histoire du déclin de l'État-providence. Elle propose une réflexion d'envergure sur le conservatisme américain, en décalant de plusieurs années son renouveau. Surtout, elle souligne la persistance d'un racisme *« endémique »* du Nord, qui va à l'encontre d'un récit traditionnel distinguant un Sud ségrégationniste et un Nord évidement progressiste. Enfin, ce livre propose un éclairage bienvenu sur plusieurs sujets : discours punitif et responsabilisation des pauvres, question du consensus autour de la fiscalité, aide sociale comme assistanat supposé, etc. – des thèmes très actuels en cette année d'élection présidentielle américaine.

Olivier de Lapparent

Les Âmes tièdes
Le Vatican face à la Shoah
Nina Valbousquet
La Découverte, 2024, 480 p., 26 €

À l'événement que constitua l'ouverture, à partir de mars 2020, de toutes les archives du pontificat de

Pie XII par le pape François répond cette première publication en langue française d'une historienne s'y étant plongée. Sa démarche se distingue par son sérieux, son refus de travailler à charge ou en défense du pape de cette époque, dans une vision collective du Vatican et de l'Église qui se distingue de la recherche absolue d'un Pie XII « coupable » ou « protecteur ». Son travail identifie de fait clairement tous les clercs et cardinaux filtrant les courriers lui parvenant, réalisant l'essentiel des démarches diplomatiques et humaines : le livre devient ainsi un travail sur un collectif religieux plutôt que sur un seul homme.

Une première chaîne de responsabilité, ou plutôt de passivité ou de compromis, se distingue donc, dans une époque où le Vatican sert souvent de dernier recours, mais fonctionne comme une administration aussi hiérarchisée que d'autres. Plus encore, l'autrice, en rappelant la tradition de neutralité du Saint-Siège héritée de la Première Guerre mondiale, sans que son exécutif ne comprenne les spécificités de la Seconde, aide à comprendre, avec le rappel du maintien chez la plupart des cardinaux et des diplomates d'un antijudaïsme chrétien plus ou moins explicite, la partialité de sa réponse au Troisième Reich et aux déportations. Ainsi, l'essentiel des efforts et des démarches ne s'accomplit pas en faveur de Juifs mais à destination des « catholiques non aryens », formule désignant les Juifs convertis. Nina Valbousquet prend soin de décrire les atermoiements de la filière brésilienne et des voies de sortie de l'Europe – la réponse partielle du Vatican se heurte ici à l'aveuglement des États d'accueil –, et de déconstruire le mythe d'un Pie XII ouvrant le Vatican aux Juifs lors de l'occupation allemande de Rome (la plupart des initiatives dans ce sens vinrent de prêtres et de couvents). L'Église dépeinte ici correspond bien, dans sa vision pastorale centrée sur un espoir de la conversion des Juifs, à celle d'avant le concile Vatican II.

Le regard contemporain s'étonne ou est choqué du clair refus de la diplomatie vaticane à approuver la création d'Israël ou de sa demande d'indulgence lors de la plupart des grands procès de l'après-guerre. Cette réaction n'est cependant provoquée que par l'exploration objective des archives, sans parti pris de l'historienne. De l'attente curieuse devant l'ouverture d'archives desquelles beaucoup attendaient des révélations émerge une étude détaillée, à la chronologie structurée, dont les fidèles et les agnostiques partageront la peine à la lecture.

Louis Andrieu

Lampedusa
Une histoire méditerranéenne

Dionigi Albera
Seuil, 2023, 256 p., 21,50 €

Lampedusa n'est pas seulement un gros titre, un épouvantail ou une mauvaise conscience. C'est d'abord une île, caillou posé au milieu d'une Méditerranée qui à cet endroit se demande encore quelle est véritablement sa limite, aux confins de la Sicile, aux portes de l'Afrique du Nord. Ce lieu, Dionigi Albera l'a arpenté, avec ses chaussures et ses lunettes d'anthropologue, mais également avec une autre casquette, si complémentaire, d'historien, qui donne à ce livre une profondeur du temps et une épaisseur de champ. Car c'est une « *histoire méditerranéenne* » que Dionigi Albera écrit là, à la manière d'un Fernand Braudel, dans un style adroit et vif, avec ses mouvements, ses trames et ses personnages truculents.

Par couches, Lampedusa s'étire et semble presque échapper à son triste sort, sans renier les paradoxes qui font qu'elle se situe à cet endroit précis de la carte : divisions et rencontres, partages et confrontations. Lieu frontière entre deux mondes, l'Afrique du Nord musulmane et l'Italie chrétienne, l'île déserte a su également incarner dès le XIIIe siècle la générosité et l'accueil, un bon port où se ravitailler. Dionigi Albera y révèle l'histoire d'une grotte, sanctuaire partagé entre chrétiens et musulmans, où cohabitent une Vierge et le tombeau d'un saint musulman. Nourrissant les imaginaires et les superstitions, ce lieu saint a transformé encore un peu plus l'île en « *lieu de trêve* », alors qu'autour les jeux d'empires s'agitent.

Chaque époque projette là-bas ses rêves et ses questionnements, si bien qu'au siècle des Lumières, Voltaire et surtout Diderot la célèbrent pour sa tolérance. Plus tard, ce sera la construction de l'État italien qui viendra mettre à mal sa vertu d'île ouverte, voyant les grands projets se dessiner, l'extractivisme la ratisser, puis le tourisme la dénaturer. Et les migrations dans tout ça ? Permanentes, rappelle le livre. Mieux, cette grande fresque déplace la perspective, autant qu'elle rappelle que le mouvement n'est pas une donnée également partagée. Le livre s'ouvre ainsi sur la triste réalité de l'accès à l'île de nos jours : par les airs pour le vacancier, par la mer pour le migrant. Cet important livre sur la frontière ose pourtant l'espoir, pour rappeler que « *l'héritage historique de Lampedusa appartient à tous* » et qu'il « *indique une voie pour humaniser à nouveau cette frontière, pour restituer une horizontalité à la mer, pour en faire une zone de brassage et non une barrière infranchissable* ».

Rémi Baille

Il y a quand même dans la rue des gens qui passent

Robert Bober

P.O.L, 2023, 288 p., 23 €

Qu'est-ce que le deuil, sinon une forme d'amour qui persévère ? Que signifie aimer quand la nuit semble tout recouvrir ? Ces questions sont au cœur du dernier livre de Robert Bober. Après *Par instants, la vie n'est pas sûre* (P.O.L, 2020), il poursuit un geste littéraire marqué par la mémoire, l'exil, l'errance et l'appartenance. Bâti comme une lettre à son ami disparu, Pierre Dumayet, le récit questionne ce que peut la mémoire face au temps qui passe et au manque.

L'auteur n'écrit pas seulement un monde : il lui redonne vie et forme. Il restitue avec acuité l'exil de sa famille. Ses parents, Juifs polonais passés par Berlin, où l'auteur est né, s'établissent à Paris. Ils y ouvrent une quincaillerie rue de la Butte-aux-Cailles. On y parle yiddish. On y invente une existence où, face à la haine et au soupçon, communauté veut dire entraide. Robert Bober nous restitue ces fragments d'histoire, ces « *réminiscences* » aurait écrit Vladimir Jankélévitch, comme une façon de dire que la vie insiste toujours, et finit par l'emporter. Chez lui, l'identité est moins une destination qu'un voyage.

On s'y embarque comme on part à l'aventure, une aventure intérieure, sans savoir où elle conduira. La mémoire aussi n'est jamais certaine. Elle se dérobe quand on croit la saisir. Ce qui alors permet de s'y fier n'est pas l'exactitude du souvenir, souvent insaisissable, flottant, mais la certitude qu'on est traversé, et requis, par quelque chose, quelque part ; une émotion qu'on met parfois une vie entière à déplier.

L'auteur explore le bouillonnement de la vie culturelle du Paris d'après-guerre. Il en fait le terreau sur lequel reprendre langue avec le monde. En se promenant dans le siècle, Robert Bober nous présente artistes et penseurs aimés, Saul Steinberg, Georges Perec, Diane Arbus, Martin Buber, entre autres. Le ton plein d'émerveillement et de gratitude, il leur rend un hommage appuyé, jamais cérémonial. Ils ont forgé son regard et sont devenus, au fil des années, des compagnons de voyage. Il n'écrit donc pas seulement sur eux ; il écrit *avec* eux, comme s'il cherchait à continuer une conversation intime, une amitié secrète, et à nous inviter à y participer. Il fait confiance aux mots des autres pour dire ce qui le traverse. Et cette confiance donne à son récit une vitalité qui fait de l'érudition une fable allègre et généreuse. Il n'y a en effet rien de plus étranger à Robert Bober que l'esprit de sérieux. Cela n'empêche pas le récit d'être rempli d'une certaine gravité, d'une intelligence inquiète, aux aguets, qui sait trop bien la fragilité du témoignage, sa friabilité. Ce témoignage, il faut sans cesse le retisser, le récrire et partout le faire circuler ; dire ce qu'ils ont été, les déportés, ceux qui ne sont pas rentrés, leur ménager un endroit où exister. La forme épistolaire a donc son importance. Elle permet de retenir quelque chose d'un monde qui disparaît. Elle est ce qui maintient le lien avec les absents, les relie à notre monde. L'art de la correspondance, avec tout ce qu'il porte ici de sincérité et de tendresse, ouvre le temps, y dépose serments pour l'avenir et nouvelles du monde d'hier, et ne le referme qu'à bas bruit. Ce texte est une promesse faite à l'ami qui n'a pas tout à fait disparu, Pierre Dumayet, qui vit entre chacune de ses phrases. Ce livre est la promesse d'apprendre à habiter le manque.

Si le récit est bâti comme une adresse, il est aussi un dialogue entre la violence du présent et celle du passé. L'auteur croise les époques dans une remarquable structure, où le récit devient résonance spectrale et théâtre d'expérimentations. Là, le lecteur est à Paris, en 1942, où les policiers français raflent des enfants juifs avant de les déporter. Plus loin, il est en Ukraine de nos jours, à Popasna dans le Donbass, où les enfants vivent, ou essaient de vivre, entre les bombardements, les coupures d'électricité, les nuits striées par les missiles, les vrombissements des drones, les rationnements. D'une époque à l'autre, le sentiment reste le même, la guerre est toujours le vol de l'enfance. Si ces pages sont salutaires, c'est qu'elles viennent rappeler, en évitant l'écueil d'un sentimentalisme abstrait, que la guerre, son cortège d'horreurs, ce qu'elle brise dans une vie, n'est pas une affaire lointaine aux contours vagues. Elle agit à un niveau profond dans la psyché de ceux qui la vivent. Elle atteint quelque chose de l'humanité en chacun, parfois de manière irrémédiable. Il se dégage de ce récit une certaine éthique, fondée sur l'idée que l'écrivain est celui qui prête attention au monde. Et cette éthique, Robert Bober en fait le lieu d'un universel en acte, d'une solidarité des ébranlés, où l'écoute, la considération de la douleur des autres et sa restitution par l'écriture sont déjà un refus du monde comme il va – *« ne te demande pas pour qui sonne le glas*, écrivait John Donne en 1624, *il sonne pour toi »*.

Face à la violence de l'histoire, aux plaies qu'elle ouvre en chacun, il reste pourtant les arts et ceux les font vivre. Pour Vladik, garçon ukrainien de 8 ans, la peinture est un moyen de croire qu'il y aura autre chose après la guerre, après les ruines – un autre paysage. Pour Robert Bober, à sa manière encore un enfant, lui aussi, la littérature est ce qui résiste à la mort, à l'infamie, à la servitude et à la honte.

Elle est aussi ce qui apaise, comme un refuge où reposer la pensée avant d'affronter le présent. Une bibliothèque, écrit-il, est *« un endroit devant lequel on marque des temps d'arrêt »*. L'amitié est peut-être aussi un endroit devant lequel on s'arrête. Un lieu où s'éprouvent commune vulnérabilité, partage du sensible, manières de se rencontrer ; où circulent histoires et souvenirs pour se rappeler qu'on est vivant. Enfin arrêté, au milieu du gué, on prend le temps de regarder l'amitié pour ce qu'elle est, ou ce qu'elle devrait être : un endroit où se tisse une parole vraie, honnête. Une parole comme un écho lointain, à peine perceptible, qui pourtant continue de trouer le silence de la nuit.

Sabri Megueddem

Une île pour elle

Anne-Solange Muis
Phébus, 2024, 192 p., 19,50 €

En juin 2000, Louise, une jeune géographe, s'établit dans une île déserte au large de Concarneau en compagnie d'une colonie de sternes, de goélands et de quelques dauphins de passage. Entre l'archipel des Glénan et l'au-delà des terres bretonnes, deux hectares de terre qui abritaient un phare,

abandonné en 1983. L'île n'accueille plus que des plaisanciers de passage et une poignée d'ornithologues venus observer la plus grosse colonie de sternes d'Europe dans un espace protégé.

Louise s'y isole non par volonté de disparaître de soi ou d'effectuer une retraite loin des tumultes du continent, même si elle ressent un désir de solitude et d'apaisement, mais par choix de vivre dans ce lieu dépouillé pour y écrire son mémoire de maîtrise en géographie, la monographie d'un territoire insulaire encore peu connu sur le plan scientifique. Son professeur la dépose en bateau sur l'île, elle découvre le minuscule refuge où elle doit vivre tout l'été. Son seul lien avec le continent est un téléphone filaire qui reçoit les appels mais ne peut en émettre. Aucune connexion n'est possible pour un téléphone portable ou Internet.

Dans cette réclusion volontaire, un désir d'ailleurs l'anime. Son attirance pour un isolement provisoire de plusieurs mois se mêle à sa passion d'explorer les détails d'un monde surtout habité par les oiseaux. Volonté aussi de pénétrer l'écran du rêve, car à Concarneau où elle vit avec son père, elle voit au loin l'île de sa fenêtre et elle n'ignore pas les mille légendes qui lui sont associées. Rêve d'aventure propre à une étudiante d'une vingtaine d'années : *« En partant seule là-bas* et dans des conditions de séjour spartiates, elle s'imaginait vivre les prémices d'une grande aventure. »

Une écriture magnifique, sensuelle, sensorielle, attentive aux frémissements des choses, fait le récit des journées de Louise, d'abord profondément immergée dans les pulsations intimes des lieux, émerveillée par ce domaine qui s'offre à elle tout au long des jours et des nuits. Peu à peu cependant apparaissent des tensions, des doutes ; des plaisanciers sont peu enclins à respecter la réserve d'hirondelles de mer, arrivent en terrain conquis et deviennent agressifs quand elle leur rappelle que la loi interdit de pénétrer cet espace protégé. Des menaces plus incernables apparaissent. Son lien téléphonique régulier avec son père s'arrête soudain et la plonge dans l'inquiétude. Elle apprend plus tard par son professeur qu'il a eu une crise cardiaque et se trouve hospitalisé. Alors qu'elle attend de quitter l'île pour rejoindre son père, un soir, des plaisanciers se font menaçants à son encontre et la traquent. L'île qui incarnait son amour du monde devient soudain un espace d'enfermement tragique, d'autant que son désir de retrouver son père sur le continent est rendu impossible par un mauvais temps qui s'installe dans la durée et empêche son professeur de venir la rejoindre en bateau pour la ramener à Concarneau. Mais comment vivre cette attente qui n'en finit plus et cette angoisse pour son père hospitalisé ? Ce récit initiatique fort est l'éveil d'une jeune femme aux ambivalences du monde.

David Le Breton

Œuvres III
Ainsi parlait Zarathoustra et autres récits
Friedrich Nietzsche
Édition de Marc de Launay et Dorian Astor
Gallimard, 2023, 1376 p., 69 €

Côtoyant le poème en l'ouvrant par la prose, les récits de Nietzsche publiés dans troisième volume des œuvres de Nietzsche publiées dans la « Bibliothèque de la Pléiade » épuisent le chant versifié classique de la poésie. L'idée livre sa puissance formatrice par le chant. *Ainsi parlait Zarathoustra* (1883) est le sommet de cette dynamique qui rompt avec le genre aphoristique et nourrit une ambition plus profonde à travers le lyrisme et le symbolisme de ce qui peut se nommer poème philosophique.

Nietzsche y fait entendre la lutte des instincts à l'œuvre dans sa propre pensée. L'acuité de la réflexion parvient à d'irréductibles contradictions, comme celle de l'éternel retour, notion qu'il nomme aussi *« midi et éternité »*, cette heure illusoirement immobile et sans ombre, éternellement vouée à n'être que fugitive.

Nietzsche ne se perd pas dans la nostalgie, l'élégie, le *lamento* et s'éloigne du régime « sentimental » décrit par Schiller en amont du romantisme allemand. Le récit nietzschéen conserve ainsi sa capacité formatrice, loin de toute solennité et de toute pose, ces maladies chroniques de la poésie. Les récits réunis ici supposent donc en même temps la prose du langage et la poésie à venir. En dehors du *Zarathoustra*, aucune œuvre ne parvient à élargir le texte à une telle dimension épique et émancipatrice.

Jean-Paul Gavard-Perret

Les frontières d'un discours
Les papes et l'accueil de l'étranger
Jacques-Benoît Rauscher
Cerf, 2024, 192 p., 18 €

Ce petit livre pose une question intéressante – et importante dans le contexte actuel. La défense de l'étranger n'est pas nouvelle, avec des accents différents selon les époques, dans la doctrine sociale de l'Église catholique, mais avec le pape François, confronté directement, depuis le début de son pontificat, aux naufrages, dans une Méditerranée transformée en cimetière de celles et ceux, de tous âges, qui tentent de rejoindre l'Europe, elle a pris une tournure dramatique et une urgence inédite. Rappelons néanmoins qu'au-delà de l'Europe, les déplacements de population dans le monde – et les tragédies qui en résultent – sont tout aussi considérables, que les flux migratoires qui ont lieu dans le sens Sud-Sud l'emportent même sur ceux qui vont dans le sens Sud-Nord, et que partout les murs et les barbelés infranchissables font florès. L'accueil apparemment inconditionnel des immigrés que prône François suscite incompréhensions, irritations, critiques, rejets ouvertement déclarés, y compris de la part de catholiques.

À l'écart de l'actualité polémique, médiatique et politique, le père Jacques-Benoît Rauscher, jeune dominicain, propose une réflexion de fond sur la position de François en la replaçant dans le long cours de la doctrine sociale de l'Église (et donc aussi en la comparant avec celle de ses prédécesseurs récents). Rappelant l'histoire des migrations durant deux siècles – on passe du migrant-travailleur (au XIXe siècle) au réfugié politique (XXe siècle) et aux migrations plurielles (XXIe siècle) –, il fait le constat que l'Église en est venue à une position moins politique que *« prophétique »*. Quant à ses fondements bibliques, la doctrine sociale se fonde avant tout sur le Nouveau Testament, qui parle de l'étranger universel et de son accueil en tant que membre de la famille humaine, et comme d'un *« frère »* identifié au Christ lui-même. Les papes se réfèrent assez peu à l'Ancien Testament, beaucoup plus *« politique »* dans sa définition de l'étranger.

Selon l'auteur, l'Église a de la sorte accentué dans les temps récents son discours sur la rencontre de l'étranger comme *« expérience (spirituelle) de l'autre »*, ce qui n'est évidemment pas faux mais risque toujours de tomber dans un idéalisme éloigné des situations concrètes et des pratiques réelles. Éloigné aussi d'intuitions présentes chez Thomas d'Aquin, dont J.-B. Rauscher s'inspire avec intelligence, sans les lourdeurs pédantes de certains thomistes actuels, pour proposer des correctifs que la doctrine sociale de l'Église aurait intérêt à intégrer dans son enseignement sur l'étranger migrant. Pour l'accueil de cet étranger, Thomas part en effet plutôt de l'idée de propriété, qui permet de penser les situations particulières et de poser des limites politiques tout en fixant aux États *« des exigences d'accueil élevées »*, des lois, une culture et une amitié sociale au service du lien social et du bien commun, c'est-à-dire aussi

et surtout du Bien tout court. Un angle de réflexion à la fois inhabituel et bienvenu, qui enrichirait la doctrine sociale si elle le prenait en compte.

On regrette seulement que l'auteur n'ait pas abordé de front quelques angles plus aigus, si l'on ose dire, comme la forte opposition à François venue des souverainistes et des républicains défenseurs de la nation contre l'Europe, ou de ceux qui craignent moins la submersion par l'afflux migratoire que l'islam des migrants. Ces conflits sont présents dans le livre, mais en filigrane, et les lecteurs, faute de les connaître, risquent de ne pas voir clairement ce qui est visé. Sans doute y aurait-il aussi plus à dire sur la tradition biblique (comme le fait de marquer la distinction entre les étrangers « déjà là » et ceux qui sont « hors du pays »). Mais cela n'enlève rien aux intuitions et aux suggestions inédites de ce livre, sur un problème crucial de notre temps.

Jean-Louis Schlegel

Les Kurdes
Boris James
Presses universitaires de France, 2023, 128 p., 10 €

Les Kurdes comptent aujourd'hui quelque 35 millions de personnes, réparties principalement entre la

Turquie, l'Iran, l'Irak et la Syrie. Écartant les Kurdes des anciennes républiques soviétiques, l'historien Boris James consacre un « Que sais-je ? » érudit à ce peuple de montagnards aux origines très anciennes. Le lien dialectique entre l'évolution historique des Kurdes et l'essor de l'État (monarchique, impérial, républicain) au Moyen-Orient constitue le fil rouge du livre.

La moitié de l'ouvrage consacrée à l'histoire médiévale et moderne des Kurdes fixe le cadre géo-historique des Kurdes, leur « âge d'or » avec Saladin, leur quête d'autonomie dans une logique clanique et tribale par rapport au pouvoir central mamelouk ou safavide, le reflux de leur empreinte au XIXᵉ siècle, de concert avec l'essor du nationalisme kurde. La question kurde émerge en effet entre le traité de Sèvres en 1920, qui consacre le droit des Kurdes de bâtir un État qui les réunisse, et le traité de Lausanne en 1923, actant la victoire des nationalistes turcs, qui fondent leur république sur les décombres de l'Empire ottoman et écartent puis répriment la population kurde vivant dans le nouvel État turc.

Au XXᵉ siècle, les Kurdes, désormais réunis dans des partis et dispersés dans les quatre pays moyen-orientaux, alternent entre phases de négociation voire de coopération avec un régime au mieux méfiant, au pire hostile envers les implications nationales et régionales de l'enjeu kurde, et phases d'affrontement avec les armées régulières. En Turquie, le régime d'Erdoğan mène une répression féroce du Parti des travailleurs du Kurdistan (PKK) et de ses soutiens parlementaires, sans parvenir à réduire le défi kurde. En Irak, la Région autonome du Kurdistan est parvenue, depuis 1992, à construire un semblant d'appareil étatique, dont la résistance contre le djihadisme de Daech a reçu un temps l'appui militaire des Américains et des Français, sans pour autant amoindrir l'agressivité du voisinage. En Iran, l'implacable répression du fait kurde se poursuit. En Syrie, la guerre civile, à partir de 2013, a permis des percées relatives sur le plan de l'autonomie kurde, sous le patronage du PKK, dans le nord-est du pays.

Irrégulièrement éclipsée par la rivalité entre sunnites et chiites ou par le conflit israélo-arabe, la question kurde perdure au XXIᵉ siècle. Le livre de Boris James apporte une analyse historique et politique sur un enjeu géopolitique majeur de notre époque.

Philippe Boulanger

Auteurs

Emmanuel Alloa

Professeur d'esthétique et de philosophie à l'université de Fribourg, il a notamment publié *Partages de la perspective* (Fayard, 2020).

Marc Olivier Baruch

Historien, directeur d'études à l'École des hautes études en sciences sociales, il a notamment publié *Le Régime de Vichy. 1940-1944* (Tallandier, 2017).

Michael C. Behrent

Historien, professeur à l'Appalachian State University, il a notamment publié « Le retour de Trump » (*Esprit*, mai 2024).

Alice Béja

Maîtresse de conférences en civilisation américaine à Sciences Po Lille, elle a notamment publié *Des mots pour se battre. John Dos Passos, la littérature et la politique* (Honoré Champion, 2015).

Nathalie Bittinger

Maître de conférences en études cinématographiques à l'université de Strasbourg, elle a récemment publié *Il était une fois l'Amérique à l'écran* (Hoëbeke, 2023).

Fabienne Brugère

Philosophe, professeure à l'université Paris 8, elle a récemment publié *Désaimer. Manuel d'un retour à la vie* (Flammarion, 2024).

Bénédicte Chesnelong

Juge assesseur à la Cour nationale du droit d'asile, elle a notamment publié « Cormac McCarthy et les derniers sur terre » (*Esprit*, novembre 2023).

Martine Cohen

Sociologue, chargée de recherche au Centre national de la recherche scientifique, elle a notamment publié *Fin du franco-judaïsme ? Quelle place pour les Juifs dans une France multiculturelle ?* (Presses universitaires de Rennes, 2022).

Julien Darmon

Responsable d'édition chez Albin Michel, il a notamment publié *La Langue divine. 22 bonnes raisons de s'initier à l'hébreu* (Albin Michel, 2021).

Matthew Desmond

Sociologue, professeur à l'université Princeton, il a notamment publié *Avis d'expulsion. Enquête sur l'exploitation de la pauvreté urbaine* (Lux, 2019).

Anne Deysine

Juriste et américaniste, professeur émérite à l'université Paris-Nanterre, elle a récemment publié *Les Juges contre l'Amérique. La capture de l'Amérique par la droite radicale* (Presses universitaires de Paris Nanterre, 2024).

Bernard E. Harcourt

Professeur de droit et de science politique à l'université Columbia, il a notamment publié *La Société d'exposition. Désir et désobéissance à l'ère numérique* (Seuil, 2020).

Guillaume Le Blanc

Professeur de philosophie sociale et politique à l'université Paris Cité, il a récemment publié *Oser pleurer* (Albin Michel, 2024).

Nicolas Léger

Professeur de lettres et de philosophie au lycée Victor-Hugo de Florence, il a notamment publié « Le naufrage du spectateur » (*Esprit*, décembre 2021).

Brice Matthieussent

Écrivain et traducteur, il a récemment publié *Petit éloge de l'Amérique* (Gallimard, 2024).

Sebastian Roché

Politiste, directeur de recherche au Centre national de la recherche scientifique et enseignant à Sciences Po Grenoble, il a récemment publié, avec François Rabaté, *La Police contre la rue* (Grasset, 2023).

Paul Zawadzki

Politiste, maître de conférences à l'université Paris Sorbonne, il a dirigé, avec François Bafoil, *Politiques de la destructivité. Sciences sociales & psychanalyse* (Hermann, 2024).

esprit.presse.fr

•

· ESPRIT ·

Bulletin d'abonnement

Découvrez toutes nos formules et profitez de nos **tarifs les plus avantageux** en vous abonnant directement sur notre site Internet !

www.esprit.presse.fr

Abonnement intégral (papier + numérique)
10 numéros/an, **à durée libre** :

| 15 €/mois | ou | 150 €/an |

--✂----

Formulaire de paiement par chèque

Abonnement intégral (papier + numérique) 10 numéros/an, **à durée déterminée** :

☐ Annuel France **156 €** (10 numéros)

☐ Annuel International **171 €** (10 numéros)

Prénom

Nom

Téléphone

Courriel

Adresse postale de livraison

Paiement

Date et signature

Ci-joint mon règlement de .... par chèque bancaire ou postal à l'ordre de la revue *Esprit*.

Bulletin d'abonnement et règlement à retourner à :

Service abonnement Revue ESPRIT - 6 rue d'Ouessant CS 38272 35768 Saint-Grégoire Cedex

ES 511-512

Directrice de la publication
Anne-Lorraine Bujon

Fabrication : Transfaire Sarl, F-04250 Turriers
www.transfaire.com

Création de la maquette originale et illustration de couverture : Ip-3 / Olivier Marty
Publié avec le concours du Centre national du livre
Dépôt légal juin 2024 – Commission paritaire 0727 D 81899

ISSN 0014 0759 – ISBN 978-2-37234-302-2

n° 511-512, juillet-août 2024

Achevé d'imprimer sur les presses de Corlet Imprimeur
ZI, rue Maximilien Vox
Condé-sur-Noireau
14110 Condé-en-Normandie

N° d'impression : 2401.0399

PEFC/10-31-1510   *IMPRIM'VERT®*

Esprit est membre du réseau des revues européennes *Eurozine* (www.eurozine.com)

© Esprit – Sauf pour de courtes citations dans une critique de journal ou de magazine, il est interdit, sans la permission écrite des détenteurs du copyright, de reproduire ou d'utiliser les textes publiés dans cette revue, sous quelque forme que ce soit, par des moyens mécaniques, électroniques ou autres, connus présentement ou qui seraient inventés, y compris la xérographie, la photocopie ou l'enregistrement, de même que les systèmes d'informatique.

En application du Code de la propriété intellectuelle, il est interdit de reproduire intégralement ou partiellement, par photocopie ou tout autre moyen, le présent ouvrage sans autorisation du Centre français d'exploitation du droit de copie (20, rue des Grands-Augustins, 75006 Paris).